Toimiva rukous

Hengen miekka -kirjasarja:

1 *Toimiva rukous*
2 *Hengen tunteminen*
3 *Jumalan hallitusvalta*
4 *Elävä usko*
5 *Jumalan kirkkaus seurakunnassa*
6 *Palveleminen Hengessä*
7 *Isän tunteminen*
8 *Kadotettujen tavoittaminen*
9 *Jumalan tunteminen*
10 *Pojan tunteminen*
11 *Pelastus armosta*
12 *Palvonta Hengessä ja totuudessa*

www.swordofthespirit.co.uk

Copyright © 2015 Colin Dye
ISBN: 978-1-898444-07-7

Ensimmäinen painos
Kensington Temple
KT Summit House
100 Hanger Lane
London, W5 1EZ

Kaikki oikeudet pidätetään. Tämän julkaisun tai sen osan jäljentäminen tai tallentaminen ilman tekijän kirjallista lupaa painamalla, monistamalla, äänittämällä, sähköisesti tai muulla tavoin on tekijänoikeuslain mukaisesti kielletty.

Raamatun lainaukset ovat vuoden 1992 käännöksestä.

Suomennos: Seppo Siuro
Taitto: Marko Joensuu
Kansi: Yewhung Chin

Hengen miekka

Toimiva rukous

Colin Dye

Sisällysluettelo

Johdanto	7
Rukous Vanhassa testamentissa	11
Rukous Uudessa testamentissa	27
Pyhä Henki ja rukous	45
Esirukous	57
Kiitosrukous	75
Paavalin rukoukset	87
Hengellinen sodankäynti	97
Paasto	113
Kielet	123
Kohti toimivaa rukousta	137

Johdanto

Melkein kaikki ihmiset rukoilevat Jumalaa suuren hädän hetkellä. Riippumatta siitä, ovatko he kristittyjä uskovia, agnostikkoja vai ateisteja, miehet, naiset ja lapset pyytävät Jumalalta apua kohdatessaan suuria vaikeuksia.

Monille ihmisille rukous on viimeinen hätävara. He rukoilevat vain todella epätoivoisessa tilanteessa. He eivät ole oikein varmoja, kenelle he osoittavat rukouksensa ja millaista vastausta he odottavat. Jos tilanne ei parane, se "todistaa" heille, että Jumalaa ei ole olemassa. Jos tilanne selviää, Jumala unohtuu, kunnes tulee taas seuraava hätätilanne.

Kristityille asian tulisi olla juuri päinvastoin. Rukouksen pitäisi olla yhtä luonnollista ja vaistonvaraista kuin hengityksen. Sen ei pitäisi kuitenkaan rajoittua siihen, että pyydetään Jumalalta apua tarpeisiin. Rukouksella tulisi myös ylläpitää läheistä suhdetta Jumalaan.

Tällä rukousta käsittelevällä kirjalla on kolme tavoitetta. Ensinnäkin se pyrkii auttamaan sinua löytämään ja ymmärtämään, mitä Raamattu sanoo rukouksesta. Toiseksi se tahtoo johdattaa sinut innostavaan rukouselämään, ja kolmanneksi se tahtoo rohkaista ja varustaa sinua jakamaan rukousta koskevaa ymmärrystäsi ja innostustasi muille.

Sinulle ei varmaankaan tarvitse muistuttaa, että pitäisi rukoilla enemmän. Tämä on kaikille kristityille tuttu tunne riippumatta heidän hengellisestä kypsyydestään. Tunnen ihmisiä, jotka ovat auttaneet monia uskovia rukoilemaan tehokkaammin, mutta kukaan heistä ei ole täysin tyytyväinen omaan rukouselämäänsä.

Vaikka tiedämmekin, että pitäisi rukoilla enemmän, emme ole aivan varmoja, miksi pitäisi rukoilla enemmän tai *miten* ja

Toimiva rukous

mitä tulisi rukoilla. Siksi tämä kirja tahtoo auttaa sinua sekä oppimaan raamatullista rukousta että rukoilemaan Raamatun periaatteiden mukaan.

Luukkaan evankeliumin 11. luvussa kuvattujen tapahtumien aikaan opetuslapset olivat viettäneet Jeesuksen seurassa jo pitkän aikaa. He olivat nähneet hänen tekevän työtä. He olivat itsekin saarnanneet, parantaneet sairaita ja todenneet pahojen henkien alistuvan valtaansa. He olivat lapsesta asti rukoilleet juutalaisten synagogissa ja temppelissä. He olivat jopa olleet Jeesuksen kanssa hänen rukoillessaan. Kuitenkin he tunsivat vielä tarvetta pyytää: "Opeta meitä rukoilemaan".

Rakkaus Jeesukseen ja hänen rukoustensa antama esimerkki sytyttivät opetuslapsissa halun oppia rukoilemaan. He oivalsivat, että huolimatta Jeesuksen seurassa viettämästään ajasta ja kokemuksistaan evankeliumin palveluksessa he olivat rukouksessa vielä vasta-alkajia, jotka tarvitsivat oppia Mestariltaan Jeesukselta.

Useimmat meistä ovat oppineet rukoilemaan kuuntelemalla muiden rukouksia. Siksi tiettyyn seurakuntaan tai uskonsuuntaan kuuluvat kristityt rukoilevat usein samalla tavoin. Jotta yhteisöllinen ja henkilökohtainen uskonelämämme olisi mahdollisimman kypsää ja Kristuksen kaltaista, kaikkien elämämme osa-alueiden tulisi kuitenkin perustua Raamatun sanaan eikä ihmisten kokemuksiin.

Paavalin toinen kirje Timoteukselle (2. Tim. 3:16-17) muistuttaa meille, että "Jokainen pyhä, Jumalan Hengestä syntynyt kirjoitus on hyödyllinen opetukseksi, nuhteeksi, ojennukseksi ja kasvatukseksi Jumalan tahdon mukaiseen elämään. Näin Jumalan ihmisestä tulee täydellinen ja kaikkeen hyvään kykenevä."

Tämä kirja on tarkoitettu etupäässä uskoville, jotka ovat valmiit panemaan syrjään omat käsityksensä rukouksesta ja tutkimaan Jumalan Sanaa löytääkseen Jumalan asettamat raamatulliset periaatteet. Jotta saisit tästä kirjasta mahdollisimman paljon hyötyä, olisi hyvä lukea läpi kaikki Raamatun jakeet, joihin tekstissä on viitattu. Pohdi ennen

Johdanto

uuteen jaksoon siirtymistä tarkkaan, mitä oppimasi asiat merkitsevät sinulle itsellesi ja ihmisille ympärilläsi. Anna Jumalan puhua sinulle, kun tutkit hänen sanaansa.

Oppimisen tueksi on olemassa myös oheismateriaalia, jonka löydät *Sword of the Spirit Student's Handbook* -käsikirjasta sekä nettisivulta www.swordofthespirit.co.uk. Näistä lähteistä löydät tietojen *kertaustehtäviä*, *tietovisoja* sekä *kokeita*, joiden avulla voit testata, painaa mieleen ja soveltaa tästä kirjasta saamiasi tietoja.

Tietojen kertaustehtäviä voi käyttää myös pienryhmissä. Ehkä haluat valita rukoillen ne osiot, jotka ovat mielestäsi hyödyllisimpiä ryhmällesi. Tällöin voit joissakin ryhmän kokouksissa käyttää kaikkea aineistoa ja toisissa vain osaa siitä. Sovella maalaisjärkeä ja hengellistä näkemystäsi. Voit vapaasti valokopioida nämä sivut ja jakaa ne vetämällesi ryhmälle.

Raamatulliseen rukoukseen perustuva elämäntapa on oleellinen osa toimivan jumalsuhteen kehittämistä. Rukoukseni on, että tutkiessasi tätä kirjaa koet rukouselämäsi uudistuvan ja huomaat sen vaikutukset itseesi, perheeseesi ja kaikkiin apuasi tarvitseviin ihmisiin lähelläsi.

Colin Dye

Osa 1

Rukous Vanhassa testamentissa

Sanaa "rukous" käytetään kaikkialla Raamatussa kuvaamaan ihmisten ja Jumalan välistä kanssakäymistä. Esimerkiksi 1. Samuelin kirjan toisessa luvussa olevaa Hannan laulua luonnehditaan rukoukseksi, vaikka se on kiitosvirsi. Samoin Habakukin kirjan 3. lukua kuvataan rukoukseksi, vaikka se on kirjoitettu psalmin muotoon.

Vanhassa testamentissa on noin 85 rukousta, ja ne sisältävät palvontaa, synnintunnustusta, ylistystä, anomista ja kiitosta.

Mikä tahansa rukous voi sisältää joko pelkästään kiitosta, palvontaa tai anomista – tai useita rukouksen osa-alueita. Esimerkiksi Jesaja 63:7–64:12 osoittaa, miten ylistys, kiitos, pyynnöt, synnintunnustus ja rukous liittyvät yhteen. Vanhan testamentin rukouksessa voi olla myös profeetallista ilmoitusta, uskontunnustusta, siunauksia ja kirouksia, sodanjulistuksia, nuhtelua ja kehotusta parannuksen tekoon.

Useimmat Vanhan testamentin rukoukset liittyvät fyysisiin tarpeisiin ja käytännön vaikeuksiin. Toisin kuin Uudessa testamentissa, vain harvat Vanhan testamentin rukoukset keskittyvät hengellisiin ja moraalisiin kysymyksiin. Vanhassa testamentissa on kuitenkin kolme rukoukseen liittyvää periaatetta, joita pidetään itsestäänselvinä.

Vaikka Raamatun kirjat eivät sanokaan sitä suoraan, ne osoittavat selvästi, että:

- ◆ Jumala kuulee rukoukset
- ◆ Rukous vaikuttaa Jumalaan
- ◆ Jumala ei hyväksy kaikkia pyyntöjä

Toimiva rukous

Rukousta tarkoittavat sanat Vanhassa testamentissa
Vanhassa testamentissa käytetään pääasiassa kuutta hepreankielen verbiä kuvaamaan tapoja, joilla ihmiset rukoilevat Jumalaa. Raamatunkäännöksissä näitä verbejä ei ole aina käännetty samoilla sanoilla, joten niiden merkityseroja ei ole helppo hahmottaa.

Qara – **huutaa, kutsua**
Tämä on vanhin ja yksinkertaisin rukousta tarkoittava sana. Rukous mainitaan Raamatussa ensimmäistä kertaa kohdassa 1. Moos. 4:26, joka osoittaa, että ihmiset alkoivat rukoilla huutamalla avuksi Herran nimeä: he vetosivat Jumalaan suoraan käyttämällä hänen pyhää nimeänsä. Lisää esimerkkejä tästä löytyy 1. Mooseksen kirjan jakeista 12:8 ja 21:33.

Edellä mainitut jakeet osoittavat, että ensimmäiset rukoukset olivat yksinkertaisia, suoria ja tuttavallisia. Esimerkkeinä tästä ovat 1. Moos. 15:2–8, 18:23–33 ja 24:12–14.

Jumalan kansa "huusi Herran puoleen" kaikkialla Vanhassa testamentissa. Esimerkkejä tästä on kohdissa 1. Sam. 12:17, 2. Sam. 22:4, 1. Kun. 18:24, 2. Kun. 5:11, Psalmi 116:4,17, Jesaja 12:4, Jeremia 33:3, Joel 2:32 sekä Sakarja 13:9.

Jumalan kansa jatkoi Herran nimen avuksi huutamista Uudessa testamentissa, esimerkiksi Apostolien tekojen kohdissa 2:21 ja 9:14. Niinpä me vieläkin rukoillessamme tiedämme, että meidän täytyy rukoilla "Jeesuksen nimessä".

Palal – **rukoilla**
Tämä on hepreankielen yleisin rukousta tarkoittava sana. Se merkitsee kuitenkin sananmukaisesti "rukoilla säännöllisesti" tai "rukoilla toistuvasti". Kun ihmiset lupasivat rukoilla *palal*, he eivät luvanneet vain rukoilla kerran vaan jatkaa rukousta sinnikkäästi. Tätä sanaa käytetään erityisesti merkityksessä "esirukoilla" tai "rukoilla toisen puolesta", kuten jakeessa 1. Moos. 20:7.

Tätä sanaa käytetään ensimmäistä kertaa kuvaamaan Aabrahamin rukousta 1. Mooseksen kirjan jakeissa 20:7 ja

Rukous Vanhassa testamentissa

17 sekä kuvaamaan Mooseksen rukousta kohdassa 4. Moos. 11:12. 5. Mooseksen kirjan jakeista 9:25–26 käy ilmi, että raamatullinen *palal*-rukous on sinnikästä, mitä todistaa myös 1. Samuelin kirjan kohta 1:10–12.

Jumalan kansa rukoili kaikkialla Vanhassa testamentissa. Esimerkkejä tästä on kohdissa 1. Sam. 7:5, 1. Kun. 8:28–54, 2. Kun. 4:33, Esra 10:1, Nehemia 1:4–6, Jesaja 37:15, Daniel 9:4, 20 sekä Joona 20:1.

Tarvetta rukoilla sinnikkäästi korostetaan myös Uudessa testamentissa esimerkiksi kohdissa Luuk. 18:1–8 sekä 1. Tess. 5:17.

Paga – lähestyä vetoomuksen kanssa

Hepreankielessä tämän sanan *Qal*-muoto tarkoittaa "tavata, kohdata, saavuttaa". *Hiphil*-muodossa se voi merkitä "saada pyytämään hartaasti", kuten Jeremian kirjan kohdassa 15:11. Tämä on Vanhassa testamentissa voimakkain anomista kuvaava sana ja käännetään usein sanoilla "esirukoilla/vedota jonkun puolesta" tai "anoa". Se voi tarkoittaa myös "lähestyä rajusti" tai, kuten Jobin kirjan kohdassa 36:32, "käydä kimppuun, hyökätä tai osua maaliin".

Tästä Vanhan testamentin sanasta saa sen kuvan, että esirukous merkitsee rajua väliintuloa, voimakasta vetoomusta toisen henkilön nimessä ja puolesta. Tästä aiheesta tarkemmin osassa neljä, jossa käsitellään esirukousta.

Profeetat olivat Vanhassa testamentissa ainoita, jotka esirukoilivat eli vetosivat Jumalaan, koska vain heillä oli tarvittava Hengen voitelu, jonka ansiosta he saattoivat lähestyä Jumalan kasvoja.

Lisää tietoa profeettojen ja esirukouksen suhteesta on jakeissa 1. Moos. 20:7 (*palal*), 2. Moos. 32:11–14 (*chalal*), 1. Sam. 7:5 (*palal*), Jeremia 7:16 ja 27:18 (*paga*) sekä Jesaja 59:16 (*paga*).

Jesaja 53:12 osoittaa, että esirukous on keskeistä Jumalan kärsivän palvelijan eli Messiaan palvelutehtävässä. Tämä teema jatkuu Uudessa testamentissa, jonka jakeet Hepr. 7:25 ja

Toimiva rukous

Room. 8:34 kuvaavat sitä, kuinka Kristus elää aina rukoillakseen pyhien puolesta.

Shaal – **kysyä, pyytää, tiedustella**
Tätä sanaa käytetään Vanhassa testamentissa kuvaamaan armoon, vapautukseen, tietoon ja opastukseen liittyviä rukouksia. Sitä käytetään rukouksesta kohdissa 4. Moos. 27:21 ja Tuom. 1:1, kun israelilaiset tarvitsivat ohjeita sotaan kanaanilaisia vastaan.
Jumalan kansa "pyysi" Jumalalta kaikkialla Vanhassa testamentissa. Hyviä esimerkkejä tällaisesta rukouksesta löytyy kohdista 1. Kun. 3:5, Psalmi 2:8, Jesaja 7:11–12 sekä Sakarja 10:1.
Myös tällainen rukous jatkuu Uudessa testamentissa. Jakeissa Luuk. 11:9 sekä Joh. 14:13 Jeesus tekee selväksi, että Jumala haluaa meidän pyytävän häneltä jatkuvasti, mitä tarvitsemme.

Chalal – **pyytää hartaasti**
Tämä on harvinainen rukousta tarkoittava sana ja merkitsee sananmukaisesti "silottaa Jumalan kasvoja" tai "saada Jumalan kasvot suosiollisiksi tai herttaisiksi". Se tarkoittaa "pyytää hartaasti, rauhoittaa, lepyttää". Tähän liittyy ajatus siitä, että saa jonkun osoittamaan suopeutta vihastuksen ja kurituksen sijaan, mutta se käännetään yleensä sanalla "anoa". *Chalal* viittaa sävyisään ja hiljaiseen puheeseen Jumalalle, varovaiseen sovitteluun vastakohtana *paga*-verbin tarkoittamalle melulle ja voimalle.
Mooses rukoili näin kohdassa 2. Moos. 32:11, kun Jumala näytti olevan aikeissa tuhota Israelin kansan. Tämäntyyppistä rukousta kuvataan myös kohdissa 1. Kun. 13:16, 2. Kun. 13:4, Jeremia 26:19 sekä Malakia 1:9.
Rukouksen yhdistäminen suitsutukseen sai alkunsa tämäntyyppisestä rukouksesta. Kun ihmiset oivalsivat, että Jumala oli mieltynyt kansansa rukouksiin, papit alkoivat uhrata Jumalalle rukousten ohella myös suitsuketta – suloista

Rukous Vanhassa testamentissa

tuoksua. Psalmi 141:2 osoittaa, että joitakin rukouksia (*palal*) alettiin lopulta myös pitää suitsukkeina. Tämä mielleyhtymä toistuu myös Ilmestyskirjan kohdassa 8:1-6.

Zaaq – valittaa, huutaa avuksi, kutsua
Tätä sanaa käytetään Vanhassa testamentissa kuvaamaan rukousta, jolla pyydetään Jumalaa oikaisemaan jokin vääryys tai vapauttamaan kansansa vaikeuksista. Vastaava arabiankielen sana viittaa "ukkosenjylinään". Israelin lapset usein "valittivat" Jumalalle vaikeuksiaan – esimerkkeinä 2. Moos. 2:23, Tuom. 3:9,15 sekä 6:6-7.

Tämä on Vanhassa testamentissa hyvin yleinen rukouksen laji, joka vaikuttaa lähinnä äänekkäältä ja epätoivoiselta rukoukselta. Esimerkkejä siitä on kohdissa 1. Sam. 7:9, Nehemia 9:4, Psalmi 107:13, Joel 1:14 sekä Miika 3:4.

Paavali osoittaa Roomalaiskirjeessä (Room. 8:15) ja Galatalaiskirjeessä (Gal. 4:16), että Henki saa meidät huutamaan Jumalan puoleen rukouksessa.

Vanhan testamentin rukousasentoja
Vanhassa testamentissa käytettiin useita eri sanoja kuvaamaan erityyppisiä rukouksia, ja siitä käy myös ilmi, että ihmiset rukoilivat eri asennoissa. Ei ollut vain yhtä oikeaa tapaa rukoilla.

Seisaaltaan
Vanhassa testamentissa ihmiset rukoilivat usein seisten. Esimerkkejä tästä on kohdissa 1. Moos 18:22 sekä 1. Sam 1:26. Markus 11:25 osoittaa, että Jeesus oletti seuraajiensa rukoilevan seisten.

Polvillaan
Polvistuminen voi osoittaa ihmisten keskinäistä suhdetta: ihminen polvistuu esimerkiksi pelosta tai kunnioituksesta ylempäänsä kohtaan. Vanhassa testamentissa ihmiset polvistuivat rukoillessaan ja palvoessaan osoittaakseen sekä jumalanpelkoa että Jumalan ylemmyyttä. Esimerkkeinä

Toimiva rukous

tästä ovat Psalmi 95:6, 1. Kun. 8:54, Esra 9:5 sekä Daniel 6:10. Apostolien teoissa Paavali ja Pietari polvistuivat rukoukseen useita kertoja (Apt. 9:40, 20:36 ja 21:5).

Maahan kumartuneena
Vanhassa testamentissa ihmiset heittäytyvät maahan kasvoilleen osoittaakseen suurta kunnioitusta Jumalalle. Esimerkkejä tästä on kohdissa 4. Moos. 16:45 sekä 1. Kun 18:42. Matteus 26:39 osoittaa, että Jeesus rukoili näin suurimman hädän hetkellä Getsemanessa.

Istualtaan
2. Sam. 7:18 on ainoa raamatunkohta, jossa rukoilija istui. Tämä ei ollut juutalaisten tapa. Nykyäänkin monissa uskonsuunnissa ja kulttuureissa käytetään eri rukousasentoja – Jumala on kuitenkin kiinnostuneempi asenteistamme ja motiiveistamme kuin asennoistamme.

Kädet kohotettuina
Psalmissa 63:5 kuvataan käsien kohottamista ehkä osoituksena Jumalalle antautumisesta. Kohdissa 2. Moos. 9:29 sekä Jesaja 1:15 kuvataan rukoilemista kädet levitettynä kämmenet ylöspäin, mikä viittaa Jumalalta vastaanottamiseen. Paavali kehottaa Timoteusta rukoilemaan näin 1. Timoteuskirjeen jakeessa 2:8.

Rukous Mooseksen kirjoissa
Raamatun viidestä ensimmäisestä kirjasta käytetään joskus nimitystä Pentateukki, mutta juutalaiset puhuvat yleensä Laista tai Toorasta. Ainoa kohta, jossa Mooseksen Jumalalta saamissa yksityiskohtaisissa säännöissä ja asetuksissa opetetaan rukousta, on 5. Moos 26:1–15. Me voimme kuitenkin ottaa oppia kuudesta Pentateukkiin kirjatusta rukoustyypistä.

Rukous Vanhassa testamentissa

Keskustelu Jumalan kanssa

Monet Raamatun rukoukset ovat keskustelua ihmisen ja Jumalan välillä. Ne eivät ole vain tilanteita, joissa ihmiset lähestyvät Jumalaa puhuakseen, vaan myös aikoja, jolloin Jumala tulee kansansa lähelle paljastaakseen suunnitelmansa. Esimerkkejä tällaisista keskusteluista ovat 1. Moos 15:2–8, 18:23–33, 24:12–14 sekä 2. Moos 3:1–4:17.

Tärkeitä esirukouksia

Useimmat Pentateukissa kuvatut rukoukset ovat tärkeitä esirukouksia. Aabraham esirukoili muiden puolesta 1. Mooseksen kirjan kohdissa 17:18, 18:23–32 sekä 20:7. Mooses esirukoili faaraon puolesta saadakseen lievitystä vitsauksiin 2. Mooseksen kirjan jakeissa 8:12, 9:33 ja 10:18. Hän rukoili myös usein Israelin kansan puolesta, kun he napisivat ja kapinoivat Jumalaa vastaan – esimerkiksi 2. Mooseksen kirjan jakeissa 32:11–13.

Henkilökohtaiset pyynnöt

Pentateukkiin on kirjattu myös useita yksityisiä rukouksia. Aabraham rukoili itselleen lasta (1. Moos. 15:2), Elieser rukoili matkansa onnistumista (1. Moos. 24:12), Jaakob rukoili peloissaan (1. Moos. 32:9–12), ja Mooses rukoili sekä hämmentyneenä (2. Moos. 5:22) että turhautuneena (4. Moos. 11:11–15).

Kun isä siunaa poikansa – kuten kohdassa 1. Moos 49:1–28 – kyseessä on ensi sijassa profeetallinen näky, joka koskee Jumalan suunnitelmaa siunattavaa henkilöä varten. Mutta 5. Moos. 33 osoittaa, että se on myös eräänlainen rukous, jossa Jumalaa pyydetään toteuttamaan suunnitelmansa.

Valat ja lupaukset

Mooseksen kirjoissa kerrotaan monista ihmisistä, jotka vannoivat valoja ja antoivat lupauksia. Kun Aabraham vannoi ensimmäisen valan kohdassa 1. Moos. 14:21–24, se oli selvästikin eräänlainen rukous. Valoista, kuten Jaakobin lupaus

Toimiva rukous

kohdassa 1. Moos. 28:20-22, tuli varsin yleisiä, ja Jumala itsekin vannoi valan kohdassa 5. Moos. 32:40.

Uhrirukous
Mooseksen kirjoissa rukous liittyi kiinteästi uhraamiseen. Esimerkkejä tästä on 1. Mooseksen kirjan kohdissa 13:4, 26:25 sekä 28:18-22. Rukouksen lausuminen uhraamisen yhteydessä osoitti täydellistä antautumista Jumalalle ja alistumista hänen tahtoonsa.

Se, että rukousta ei mainita uhrimenoja kuvaavissa Mooseksen kirjojen osissa, viittaa siihen, että uhraaminen ilman rukousta oli yleisempi tapa.

Rukous Raamatun historiallisissa kirjoissa
Pentateukin jälkeen Raamatussa on kaksitoista kirjaa, jotka kertovat Israelin historiasta – kirjat Joosuasta Esteriin. Näissä kirjoissa on kerrottu kaikki tärkeät tapahtumat Israelin kehityskulussa – tuomareista kuninkaisiin, koko kansan pakkosiirtolaisuuteen ja paluuseen sekä Jerusalemin jälleenrakentamiseen.

Näiden kirjojen kertoma tarina on täynnä rukouksia, joissa sekä johtajat että tavallinen kansa huutavat Jumalaa auttamaan ja opastamaan heitä sekä vapauttamaan heidät. Eniten näiden kirjojen avulla opimme rukouksesta kuitenkin tutkimalla tuon aikakauden suurmiesten rukouksia.

Samuel
Jeremia 15:1 osoittaa, että Mooses ja Samuel ovat juutalaisten historian kaksi tärkeintä esirukoilijaa. 1. Samuelin kirjan jakeissa 7:5-12 Samuel vetoaa kahdesti Jumalaan kansan puolesta ja luvuissa 8 ja 12 hänen esirukouksensa aiheena on kansan vaatimus saada itselleen kuningas. Jakeessa 1. Sam. 12:23 hän viittaa jatkuvaan vetoamiseensa kansan puolesta ja ilmaisee näkemyksensä, että se on osa hänen profeetallista kutsumustaan. Jakeessa 1. Sam. 15:11 kuvatun Saulin hylkäämisen jälkeen hän rukoilee koko yön.

Rukous Vanhassa testamentissa

Daavid
Daavidista kerrottaessa mainitaan toistuvasti, kuinka hän "kysyi Herralta", kuten kohdissa 2. Sam. 2:1 sekä 5:19, 23. Nämä maininnat osoittavat, kuinka syvä Daavidin rukoussuhde Jumalaan oli ja kuinka riippuvainen hän oli Jumalan ohjauksesta.

Useimmat Daavidin muistiin merkityistä rukouksista ovat psalmeissa, mutta 2. Samuelin kirjan kohdassa 7:18–29 on epämuodollisempi ja tuttavallisempi rukous. Jakeessa 2. Sam. 12:16 kuvataan realistisesti Daavidin epätoivoista rukousta sen jälkeen, kun Jumala oli rankaissut häntä hänen synnistään. Raamatussa on vain viisi rukoukseksi otsikoitua psalmia, joista yhden eli Psalmin 51 Daavid kirjoitti juuri tuohon aikaan.

Elia
Sekä Elia, että Elisa olivat suuria esirukoilijoita. Elian rukoukset 1. Kuningasten kirjan jakeissa 17:20 ja 18:36–37 ovat Raamatussa ennen näkemättömiä. Karmel-vuorella kokeiltiin, kuka kuulee rukouksia. Nimenomaan Elian luottamus elävään ja rukouksia kuulevaan Jumalaan johti näin dramaattisen tilanteeseen.

Esra
Esra 8:21–23 osoittaa, että Esra luotti rukoukseen retkikuntansa turvana. Hänen rukouksensa kohdassa Esra 9:5–15 on varmasti yksi Raamatun hienoimmista rukouksista. Siinä Esra tunnustaa syntejä, joita hän ei ole itse tehnyt. Hän tuntee kuitenkin osasyyllisyyttä, koska hänen oma kansansa on langennut niihin.

Tämä on merkittävä rukous, koska se tuo esiin raamatullisen ajatuksen synnintunnustuksesta toisen puolesta.

Nehemia
Nehemialle on tyypillistä jatkuva rukous. Esimerkkejä tästä on Nehemian kirjan jakeissa 2:4, 4:4, 5:19 ja 6:9. Nehemian suuri rukous jakeissa 1:4–11 on samanlainen kuin Esralla. Hän ottaa vastuun Israelin synneistä ja tunnustaa ne kokonaisuutena.

Toimiva rukous

Hän ei asetu erilleen kansasta vaan pitää itseään osallisena heidän syyllisyyteensä.

Näissä kahdessatoista kirjassa Joosuasta Esteriin on esitetty myös kaksi muuta kiinnostavaa asiaa rukouksesta:

Erityiset paikat
Jotkut rukoukset näissä kirjoissa viittaavat siihen, että oli olemassa erityisiä rukouspaikkoja. Liitonarkku edusti Jumalan paikallista läsnäoloa ja sen luona oli siksi rukouspaikka – kuten kohdissa 1. Sam. 1 sekä 2. Sam. 7.
Uhreja uhrattiin usein "korkeilla paikoilla", niinpä siellä myös rukoiltiin, kuten kohdissa 1. Sam. 7:5 ja 1. Kun. 3. Temppeli oli vihkimisensä jälkeen (1. Kun. 8) myös erityinen rukouspaikka.

Paasto
Näissä kirjoissa esitellään myös paastoaminen – syömättä oleminen – rukouksen yhteydessä. Näin toimittiin yleensä silloin, kun valitettiin ja itkettiin ja pyydettiin apua Jumalalta.
Ensimmäinen maininta paastosta on Tuomarien kirjan jakeissa 20:26–27. Muita esimerkkejä on jakeissa 2. Sam. 12:21, 1. Kun. 21:27, Esra 8:23, Nehemia 1:4 sekä Ester 4:3, 16.

Rukous psalmeissa
Sana psalmi tarkoittaa hepreankielessä sananmukaisesti "ylistyslaulua". Vaikka vain viisi psalmia on varsinaisesti otsikoitu rukouksiksi, monien mielestä kaikki psalmit ovat rukouksia. Psalmin 72 lopussa onkin asiaa valaiseva jae, joka viittaa siihen, että kaikki sitä edeltävät psalmit ovat rukouksia.
Psalmeja kirjoitettiin palvontaa, kiitosta, anomista, juhlintaa, valitusta, mietiskelyä, katumusta ja sodankäyntiä varten. Joukossa on henkilökohtaisia ja yhteisöllisiä psalmeja, historiasta kertovia psalmeja sekä psalmeja, joissa vaaditaan kostoa. Psalmeissa ilmaistaan melkein kaikkia inhimillisiä tunteita, kuten vihaa, katumusta, hurskautta, isänmaallisuutta, ihmettelyä, luottamusta, rakkautta ja kiintymystä.

Rukous Vanhassa testamentissa

Psalmeissa näyttää olevan kymmenen erilaista rukoustyyppiä. Alla on muutama esimerkki kustakin tyypistä. Lukiessasi niitä voit ihmetellä psalminkirjoittajien rukousten luovuutta ja rehellisyyttä.

◆ Rukoukset, joissa pyydetään Jumalalta siunausta ja suojelusta – 86, 102.

◆ Ylistys- ja kiitosrukoukset – 47, 68, 104, 145–150.

◆ Rukoukset, joissa anotaan vapautusta – 38, 88.

◆ Rukoukset, joissa tunnustetaan uskoa Jumalaan mm. Luojana, Herrana, Kuninkaana, Tuomarina – 33, 94, 97, 136, 145.

◆ Katumusrukoukset ja anteeksipyynnöt – 6, 32, 38, 51, 102, 130, 143.

◆ Esirukoukset – 21, 67, 89, 122.

◆ Rukoukset, joissa vaaditaan kostoa – 35, 59, 109.

◆ Viisautta ja opetusta sisältävät rukoukset – 37, 45, 49, 50, 78, 104–107.

◆ Rukoukset, joissa esitetään kysymyksiä – 16, 17, 49, 73, 94.

◆ Rukoukset, joissa ylistetään Jumalan sanaa – 1, 19, 119.

Kokonaisuutena psalmit näyttävät esittävän viisi yleistä rukouksen periaatetta:

Sydämen vuodattaminen

Psalmien perusteella rukous näyttää olevan kaiken sydämellä olevan tuomista esiin. Esimerkkejä tästä on Psalmien kohdissa 42:4, 62:8, 102 ja 142:2. Psalminkirjoittaja ei lähesty Jumalaa valmiiksi mietityn ja järjestetyn pyyntölistan kanssa vaan tuo esiin tunteensa ja toiveensa – juuri sellaisina, kuin ne ovat!

Toimiva rukous

Mielialojen vaihtelu
Tämän sydämellä olevien asioiden vuodattamisen takia mielialat vaihtelevat rukouksessa. Psalmeissa olevat rukoukset siirtyvät ylistyksestä valitukseen, synnintunnustuksesta masennukseen, hartaudesta kostoon. Esimerkkejä tästä on Psalmeissa 57, 69 ja 139.

Yhteisölliset ja henkilökohtaiset
Jotkut rukoukset – esimerkiksi Psalmeissa 60, 79 ja 80 – ovat yhteisöllisiä ja toiset henkilökohtaisia – kuten Psalmit 23, 51 ja 63. Vaikka Psalmi 44 on selvästi yhteisöllinen, jakeissa 6 ja 15 esiintyvät sanat "minä" ja "minun". Psalmi 102 taas näyttää ensi näkemältä henkilökohtaiselta, mutta melko pian käy ilmi, että siinä tuodaan esiin kansan valituksia ja tarpeita.

Jollakin tavalla melkein jokainen rukous psalmeissa on sekä henkilökohtainen että yhteisöllinen. Ne ilmaisevat juutalaisten käsitystä, että "rukouksessa pitäisi aina olla osana yhteisöä".

Aineelliset ja hengelliset tarpeet
Vaikka useimmat psalmien rukoukset koskevat aineellisia tarpeita, hengelliset pyynnöt ovat myös mukana. Useimmat aikaisemmat rukoukset Vanhassa testamentissa olivat liittyneet fyysisiin tarpeisiin.

Psalmeissa tuodaan esiin hengellisten tarpeiden ulottuvuus rukousaiheena. Niissä voidaan erottaa kolme hengellistä huolenaihetta:

◆ Rukous, joka koskee yhteyttä Jumalaan – kuten Psalmissa 63

◆ Rukous, jossa anotaan anteeksiantoa – kuten Psalmissa 51

◆ Rukous Jumalan tahdon selvittämiseksi – kuten Psalmissa 119.

Rukous Vanhassa testamentissa

Äärimmäinen hätä

Monista psalmeista saa vaikutelman, että Jumala täytyy saada kuulemaan. Häntä täytyy herätellä, kehottaa ja taivutella, kuten kohdissa 13:1-2, 28:1-2 sekä 44:23. Tämä johtuu kuitenkin siitä, että tarpeet ovat usein kiirellisiä, välittömiä ja epätoivoisia – kuten Psalmissa 70 – ei siitä, että Jumala olisi vastahakoinen tai kuuro.

Nämä rukoukset eroavat Aabrahamin tai Mooseksen vuoropuheluista Jumalan kanssa – jotka vaikuttavat miltei keskustelulta vertaisten kesken. Psalmien rukoukset sen sijaan vaikuttavat lasten hätäisiltä pyynnöiltä vanhemmilleen pakottavien henkilökohtaisten tarpeiden takia.

Rukous profeettojen kirjoissa

Vanhan testamentin seitsemäätoista viimeistä kirjaa kutsutaan "profeetoiksi". Ne ovat joidenkin Israelin profeettojen kirjoituksia, jotka on koottu hyvin pitkältä ajanjaksolta. Jotkut näistä profeetoista, kuten Jeremia, toimivat kuninkaiden hallitessa juutalaisia.

Toiset, kuten Daniel, profetoivat Israelin pakkosiirtolaisuuden aikana. Sakarja ja Haggai taas toimivat silloin, kun juutalaiset olivat palanneet pakkosiirtolaisuudesta jälleenrakentamaan Jerusalemia.

Rukous on hyvin keskeistä erityisesti niissä profeettojen kirjoissa, jotka kirjoitettiin juutalaisten Jerusalemista karkotuksen ja heidän temppelinsä hävityksen jälkeen. Tästä syystä:

◆ Juutalaiset eivät pystyneet uhraamaan mitään Jumalalle ja heidän täytyi sen sijaan palvoa häntä rukouksin

◆ He tunsivat olevansa Jumalan hylkäämiä ja painostivat häntä sekä selittämään, mitä oli tapahtunut, että siunaamaan heitä jälleen.

Daniel 6 kuvailee sitä, miten rukous oli juutalaisten tunnuspiirre pakkosiirtolaisuuden aikana. Danielin viholliset

Toimiva rukous

saivat rukouksesta sekä syyn että tilaisuuden hyökätä hänen kimppuunsa.

Tässä luvussa on ensimmäinen maininta erityisistä rukousajoista - vaikka jo Psalmi 55:17 saattaa viitata niihin. Juutalaiset käyttivät jakeita 1. Moos. 19:27, 24:63 ja 28:11 perusteena kolmelle rukoushetkelleen. Apostolien teot 3:1 osoittaa, että näitä erityisiä rukousaikoja käytettiin vielä alkuseurakunnan aikana.

Kaikki profeetat olivat esirukoilijoita - se oli osa heidän profeetallista kutsumustaan. He olivat profeettoja, koska heillä oli erityinen Hengen voitelu, ja tämä voitelu antoi heille:

◆ Oikeuden lähestyä Jumalaa rukouksessa

◆ Kyvyn kamppailla Jumalan kanssa esirukouksessa

◆ Kyvyn tulkita Jumalan sanaa kansalle

◆ Kyvyn arvioida kansan todellisia tarpeita.

Profeettojen yleistä esirukoilijan tehtävää käsitellään osassa neljä.

Tämän rukouksen erityispiirteen lisäksi profeettojen kirjat näyttävät sisältävän neljä rukouksen yleispiirrettä:

Henkilökohtainen rukous
Vaikka profeetat olivat ennen kaikkea esirukoilijoita - eli he rukoilivat toisten puolesta - he eivät lyöneet laimin rukousta omasta puolestaankaan. Jeremian jakeet 17:14-18, 18:19-23 ja 20:7-18 kertovat profeettojen kohtaamista erityisistä vaikeuksista ja koetuksista sekä kuvaavat, miten he rukoilivat omasta puolestaan kohdatessaan ongelmia.

Jumalan sanan kuuleminen
Profeetat kuulivat Jumalan sanan (ainakin osittain) rukoillessaan. Jumalan lupaus Jeremialle jakeessa 33:3 oli henkilökohtainen lupaus hänelle profeettana, mutta se on helluntaista lähtien koskenut kaikkia uskovia. Jeremian kirjan jakeissa 42:1-7 kerrotaan kuitenkin, että Jeremian täytyi

24

Rukous Vanhassa testamentissa

odottaa kymmenen päivää rukouksessa ennen kuin hän kuuli Jumalan sanan.

Pahan torjuminen
Profeetat joutuivat usein rukoilemaan torjuakseen senhetkisen tai tulevan pahan. Aamos 7:1-6 ja Jeremia 15:1-21 kuvaavat tätä profeetallisen rukouksen piirrettä. Näissä jakeissa voidellut profeetat osoittivat rukouksensa Jumalalle ja kerjäsivät häntä tulemaan väliin ja torjumaan pahan. He eivät osoittaneet rukouksiaan pahalle. Hengellistä sodankäyntiä tutkitaan tarkemmin osassa seitsemän.

Paasto
Paasto yhdistettiin tällöin kiinteämmin rukoukseen. Jesaja 58:1-14 ja Sakarja 7:1-7 sisältävät ojentavaa opetusta, jossa selitettiin kansalle millaista paastoa Jumala vaatii.

Tämäntyyppistä profeettojen kirjoille tunnusomaista rukousta on helpointa ymmärtää lukemalla kolme erinomaista esimerkkiä profeettojen rukouksista. Nämä hienot rukoukset kuvaavat sitä kamppailevaa, voittoisaa ja profeetallista rukousta, jota Jumala odottaa niiltä ihmisiltä, jotka on voideltu hänen Hengellään.

Jesaja 63:7-64:12
Tässä hämmästyttävässä rukouksessa profeetta näyttää ikään kuin astuvan esiin ja johtavan Jumalan kansan palvontaa pakkosiirtolaisuudessa. Tässä Vanhan testamentin rukouksessa otetaan valtava loikka eteenpäin Jumalan ymmärtämisessä, kun siinä vedotaan sekä Jumalaan Isänä että Pyhään Henkeen.

Jesaja 63:16 ja 64:8 (sekä 1. Aik. 29:10) ovat Raamatun ensimmäiset muistiin merkityt rukoukset "meidän Isällemme", ja Jeesus jatkaa tätä perinnettä "Herran rukouksessa". Jesaja 63:10-11 on toinen vain kahdesta Vanhan testamentin viittauksesta Pyhään Henkeen – tätä nimitystä käytetään Jumalan Hengen erisnimenä kaikkialla Uudessa testamentissa.

Toimiva rukous

Daniel 9:1–27

Tämä on toinen yhteisöllinen tai edustuksellinen synnintunnustus, joka muistuttaa Esran ja Nehemian rukouksia. Rukoillessaan ja paastotessaan Daniel samastuu täysin koko Jumalan kansan pahuuteen – vaikka ei olekaan tehnyt itse syntiä. Koska hän kuului valittuun kansaan, heidän syntinsä oli hänen syntinsä. Tämäntyyppistä rukousta kehitetään eteenpäin Uudessa testamentissa esimerkiksi jakeessa 1. Joh. 5:16.

Jeremia 14:1–15:21

Tässä sinnikkäässä esirukouksessa jatketaan kamppailua ja väittelyä Jumalan kanssa pahan torjumiseksi jopa silloin, kun Jumala on käskenyt profeetan lopettaa. Yleensä Jumalan ilmoitus tuomiosta on kutsu esirukoukseen armon anomiseksi. Tämä kertomus osoittaa kuitenkin, että on olemassa piste, jonka jälkeen Jumala ei enää taivu.

- Esirukous – 14:2–9.
- Jumala vastaa ja kieltää esirukouksen – 14:10–12.
- Lisää vetoomuksia Jumalan kiellosta huolimatta – 14:13.
- Lisää varoituksia Jumalalta – 14:14–16.
- Profeetan valitus, jonka päätteeksi lisää esirukousta – 14:17–22.
- Jumalan vastaus lopullisesta tuomiosta – 15:1–9.
- Vielä lisää vuoropuhelua rukouksessa, joka jatkuu kohtaan 15:21.

Nämä rukoukset paljastavat hyvin läheisen suhteen Jumalan ja profeettojen välillä. Ne muistuttavat ulkonaisesti Aabrahamin ja Mooseksen vuoropuhelua Jumalan kanssa rukouksessa. Mutta nämä vetoomukset ovat voimakkaampia, niihin yhdistyy myös paasto, ja rukoukselle on tunnusomaista kamppailu, voittaminen, tuskan tunteminen sekä kiivas, usein uuvuttava esirukous.

Osa 2

Rukous Uudessa testamentissa

Jos maailmassa on koskaan elänyt ihmistä, jonka voitaisiin ajatella tulleen toimeen ilman rukousta, hän on varmasti Jeesus. Neljä evankeliumia todistavat kuitenkin selvästi, että rukous oli erittäin keskeistä hänen elämässään.

Jeesuksen maallinen elämä

Evankeliumit kertovat Jeesuksesta ja rukouksesta seuraavia asioita. Näiden tekstien kautta saamme kuvan siitä, kuinka laaja Jeesuksen antama esimerkki rukouksesta on.

Jeesus rukoili:

- Varhain aamulla – Markus 1:35
- Myöhään illalla – Luukas 6:12
- Kasteensa yhteydessä – Luukas 3:21
- Julistettuaan pitkään – Markus 1:35, 6:46 ja Luukas 5:16
- Yön ennen kahdentoista opetuslapsen valitsemista– Luukas 6:12
- Yksin opetuslastensa kanssa – Luukas 9:18
- Kirkastusvuorella – Luukas 9:28–29
- Viimeisen ehtoollisen jälkeen– Joh. 17
- Getsemanessa – Markus 14:32 ja Luukas 22:41
- Pietarin puolesta – Luukas 22:32
- Pienten lasten puolesta – Matteus 19:13–15
- Ristiinnaulitsemisensa aikana – Luukas 23:34

Toimiva rukous

- Ylösnousemuksensa jälkeen – Luukas 24:30
- Noustessaan taivaaseen – Luukas 24:50
- Taivaaseen astumisensa jälkeen – Joh. 14:16.

Lisäksi Jeesus:

- Pyysi muita rukoilemaan – Luukas 22:40
- Kehotti kansanjoukkoja rukoilemaan – Luukas 21:36
- Opetti ihmisiä rukoilemaan – Matteus 6:5–18 ja Luukas 11:1–4
- Opetti rukouksesta – Matteus 21:22, Markus 11:24–25, Luukas 11:5–13, 18:1–14, Joh. 14:13 ja 16:23–28
- Vihastui, kun ihmiset kävivät rukoilemisen sijasta kauppaa temppelissä – Luukas 19:45–46.

Jeesuksen taivaallinen rukouselämä

Uusi testamentti osoittaa, että taivaaseen astumisensa jälkeenkin Jeesus on rukouksen ihminen – hän on "Esirukoilija".

Room. 8:34 toteaa: "Kristus – mutta hän on kuollut meidän tähtemme, ja enemmänkin: hänet on herätetty kuolleista, hän istuu Jumalan oikealla puolella ja rukoilee meidän puolestamme!".

Lisäksi Heprealaiskirje 7:25 julistaa: "Siksi hän pystyy nyt ja aina pelastamaan ne, jotka hänen välityksellään lähestyvät Jumalaa. Hän elää iäti rukoillakseen heidän puolestaan."

Näistä kahdesta jakeesta paljastuu ylösnousseen Kristuksen ikuinen tehtävä. Minun kirjoittaessani ja sinun tutkiessasi tätä tekstiä, koko elämämme ajan kuolemaamme asti, Kristus jatkaa esirukousta meidän ja kaikkialla elävien uskovien puolesta.

Kristus rukoilee taivaassa

Nämä jakeet osoittavat, että Jeesus Kristus asuu ensi sijassa taivaassa eikä ihmisten sydämissä. Jos hän asuisi ensisijaisesti maan päällä uskovien sydämessä, hän ei voisi olla Jumalan oikealla puolella esirukoilemassa uskovien puolesta.

Rukous Uudessa testamentissa

Raamatun periaate on, että me vastaanotamme Pyhän Hengen elämäämme ja uskomme Jumalan Poikaan, joka hallitsee taivaassa – jossa hän aina rukoilee ja vetoaa Isään uskovien puolesta.

Kristus rukoilee pyhien puolesta

Room. 8:34 ja Hepr. 7:25 kuvaavat, kuinka Kristus rukoilee pyhien puolesta eli niiden puolesta, jotka ovat tulleet Jumalan luokse hänen kauttaan. Tämä on yksi rukouksen keskeinen periaate.

Viime aikoina esirukoukset seurakunnassa ovat joskus keskittyneet rukoukseen uskomattomien puolesta ja erityisesti heidän pelastuksensa puolesta. Vaikka tässä ei olekaan mitään väärää, Raamattu korostaa kahta muuta asiaa. Ensinnäkin sitä, että uskovat olisivat motivoituneita ja varustettuja viemään pelastuksen sanaa uskomattomille ja evankeliumia julistettaisiin voimakkaasti. Toiseksi sitä, että esteet, joiden takia uskomattomat eivät kuule ja ota vastaan pelastuksen sanomaa, poistuisivat ja uskomattomat tulisivat selvästi vakuuttuneiksi synneistään. Tätä aihetta tutkitaan tarkemmin osissa 6 ja 7.

Tutkiessamme Raamatun rukousta käsitteleviä tekstejä meidän tulisi aina tarkkailla, mihin rukous keskittyy.

Meidän pitäisi koettaa selvittää:

◆ Kenen puolesta meitä pyydetään rukoilemaan?

◆ Miksi meitä pyydetään rukoilemaan hänen puolestaan?

◆ Mitä asioita meitä kehotetaan rukoilemaan hänelle?

Jeesuksen opetukset rukouksesta

Jeesus opetti paljon rukouksesta. Itse asiassa hän opetti rukouksesta enemmän kuin mistään muusta aiheesta paitsi kahdesta: Jumalan valtakunnasta ja raha-asioista. Opetuksessaan Jeesus puki sanoiksi ne totuudet, joista hän todisti elämällään.

Toimiva rukous

Alla on kymmenen rukouksen perusperiaatetta, joita Jeesus opetti lähimmille opetuslapsilleen. Voimme kysyä itseltämme, mitä niistä me noudatamme ja mitkä olemme jättäneet huomiotta. Jeesus opetti opetuslapsiaan:

◆ Rukoilemaan yksityisesti – Matteus 6:5–6

◆ Sopimaan rukouksesta muiden ihmisten kanssa – Matteus 18:19

◆ Pitämään julkiset rukoukset lyhyinä ja yksinkertaisina – Matteus 6:7–13

◆ Esittämään välittömiin tarpeisiinsa liittyviä selväsanaisia pyyntöjä – Matteus 6:11 ja Luukas 11:3

◆ Että rukouksen teho liittyi siihen, miten he antoivat toisille ihmisille anteeksi – Matteus 6:11 ja Luukas 11:3–4

◆ Että rukouksen teho liittyi siihen, missä määrin he noudattivat hänen ohjeitaan ja Jumalan sanaa – Matteus 7:21–27

◆ Jatkamaan rukousta ja olemaan sinnikkäitä pyyntöjensä kanssa – Luukas 11:5–13 sekä Luukas 18:1–8

◆ Osoittamaan rukoillessaan katumusta eikä ylimielistä itseluottamusta – Luukas 18:9–14

◆ Rukoilemaan uskossa – Matteus 21:18–22 ja Luukas 17:5–6

◆ Rukoilemaan hänen nimessään – Joh. 14:13–14, Joh. 16:23–24, 26.

Viimeinen kohta on erityisen merkittävä. Hieman ennen kuolemaansa Jeesus sanoi opetuslapsilleen, että heidän pitäisi siitä lähtien osoittaa rukouksensa Isälle Pojan nimessä – sellainen rukous hyväksytään varmasti (Joh. 16:23–24,26). Tämä on kristillisen rukouksen olennainen tunnuspiirre: se esitetään Kristuksen nimessä.

Rukous Uudessa testamentissa

Jeesuksen vertaus rukouksesta

Jeesuksen selkein opetus rukouksesta on Luukaan evankeliumin jakeissa 11:1-13 (ks. myös Matteus 5:9-13). Luukas kertoo, että nähtyään ja kuultuaan Jeesuksen rukoilevan opetuslapset pyysivät, että hän opettaisi heitä rukoilemaan. Jeesus vastasi tähän pyyntöön antamalla:

◆ Rukouksen käytettäväksi

◆ Vertauksen ymmärrettäväksi

◆ Joitakin periaatteita noudatettavaksi.

Jeesuksen vertaus sinnikkäästä ystävästä jakeissa 5-8 on valaiseva esimerkki rukouksesta. Tässä kertomuksessa Jeesus – joka elää ikuisesti esirukoillakseen ystäviensä puolesta – paljastaa täydellisen rukouksen välttämättömät aineosat.

Välitön tarve

Tässä vertauksessa mies rukoili, koska kiirellinen tarve saapui yllättäen ja hyvin hankalaan aikaan. Tämä osoittaa, että meidän tulisi alkaa rukoilla silloin, kun Jumala osoittaa meille tarpeen tai taakan, joka pitää hoitaa. Sitten meidän tulee jatkaa pyynnön esittämistä, kunnes asia saadaan kuntoon. Siitä voidaan päätellä, että Jumala valitsee meille sekä rukousaiheen että ajan, jolloin me alamme rukoilla.

Tarpeellinen suhde

Tässä vertauksessa rukous on miehen rakastava vastaus ystävänsä tarpeeseen. Mies lähtee vierailulle ystävän luokse ja tämä taas kääntyy toisen ystävän puoleen. Tässä valossa rukous on osoitus suhteesta ja meidän tulee keskittyä rukoilemaan ystäviemme ja tuttaviemme tarpeiden puolesta. Mutta Pyhä Henki antaa meille myös kyvyn rakastaa ja samastua sellaisiin ihmisiin, joita emme tunne henkilökohtaisesti.

Jeesus näyttää noudattavan tätä periaatetta. Johanneksen evankeliumin jakeet 15:3-15 osoittavat, että uskovat ovat Jeesuksen ystäviä. Room. 8:34 ja Hepr. 7:25 kuvaavat, kuinka

31

Toimiva rukous

Jeesus rukoilee "meidän" puolestamme – eli niiden puolesta, jotka hän on pelastanut.

Ilmeinen rakkaus
Tässä vertauksessa mies päästi väsyneen ja nälkäisen ystävänsä kotiinsa. Hän ei käyttänyt myöhäistä ajankohtaa verukkeena ruoan puutteelle. Hän luopui yöunestaan, vuoteensa mukavuudesta ja vaaransi suosionsa naapurien keskuudessa hankkiakseen vieraalleen leipää. Miksi? Varmaankin siksi, että hän rakasti vierastaan. Rakkauden tulisi olla yksi rukouksen päämotiiveista – ei pelkän tavan tai velvollisuuden. Todellinen rakkaus saa meidät nousemaan vuoteesta ja polvistumaan.

Avuton tila
Vertauksen miehellä ei ollut omasta takaa mitään, millä olisi ruokkinut ystävänsä. Suurikin rakkaus voi olla täysin voimatonta. Vanhemmat voivat rakastaa sairaita lapsiaan mutta olla silti kyvyttömiä auttamaan heitä. Tämä mies halusi ruokkia ystävänsä, mutta hänellä ei ollut lainkaan ruokaa.

Juuri tämä avuttomuus ajoi miehen ulos kerjäämään apua sellaiselta ihmiseltä, jolta hän uskoi löytyvän ratkaisun kipeään tarpeeseen. Tämä osoittaa, että vain ne, jotka tunnistavat ja hyväksyvät oman heikkoutensa, voivat saada Jumalan voimaa. Se osoittaa myös, että meidän tulee pyytää Jumalalta apua niihin tarpeisiin, joiden hoitamiseen omat voimavaramme eivät riitä. Joskus me pyydämme Jumalalta asioita, jotka pystyisimme aivan hyvin hoitamaan itsekin!

Niinpä Kristuskin esirukoilee pelastamiensa ihmisten puolesta, koska hän ei voi enää tehdä muuta. Hän on antanut oman henkensä, vuodattanut verensä, noussut kuolleista, noussut taivaaseen Isänsä tykö ja kastanut morsiamensa Pyhällä Hengellä. Nyt hän voi tehdä enää yhden asian: pyytää Isäänsä auttamaan meitä.

Rukous Uudessa testamentissa

Uskon rukous

Vertauksen mies oli varma, että hänen ystävänsä auttaisi. Hän luotti siihen, että ystävä ei panisi pahakseen sitä, että hänet herätettiin keskiyöllä. Juuri tämä luottamus, tämä usko, ajoi miehen ulos pimeään ja kylmään. Tällainen luottavainen usko tekee rukouksesta määrätietoista. Ei olisi mitään mieltä rukoilla, jos uskoisimme Jumalan olevan haluton tai kyvytön vastaamaan tarpeeseemme.

Kerrottuaan tämän vertauksen Jeesus jatkoi Luukkaan evankeliumin jakeessa 11:13 opetusta siitä, että Jumala on aina valmis ja innokas antamaan hyviä asioita ja erityisesti Pyhän Hengen niille, jotka pyytävät. Johanneksen evankelimin jakeessa 14:16 annettujen hämmästyttävien lupausten pitäisi johdattaa meidät luottavaiseen uskoon, joka saa rukouksen purkautumaan huuliltamme.

Voimme olla varmoja, että Jeesus luottaa ehdottomasti Isän kykyyn kuulla ja vastata hänen rukoukseensa. Jeesus tietää, että hänen esirukouksensa ei ole turhaa. Mekin voimme olla yhtä varmoja, että hänen rukouksiinsa meidän puolestamme myös vastataan.

Elintärkeä rohkeus

Vertauksessa on kuitenkin yllättävä käänne. Hänen ystävänsä ei halunnut auttaa. Tässä on vertauksen ydin. Rukousta – erityisesti vetoomuksia ja esirukouksia – ympäröivät vaikeudet, ja Jumala haluaa meidän olevan rohkeita.

Mies tarvitsi rohkeutta herättääkseen naapurinsa keskellä yötä lainaamaan leipää. Kreikankielen sana *anaidei* kohdassa Luukas 11:8 käännetään sanoilla "rohkeus" tai "hellittämättömyys", mutta sananmukaisesti se tarkoittaa "häpeämättömyyttä", "röyhkeyttä" tai "julkeutta".

Tarvitsemme rohkeutta ja määrätietoisuutta, jotta voimme ajatella: "Tarvitsen näitä varusteita, enkä anna minkään estää minua saamasta niitä". Tässä tarvitaan pyhää pelottomuutta – joka perustuu vahvaan suhteeseen meidän ja Jumalan välillä – jotta voimme pyytää häneltä rohkeasti ja häpeämättä.

Toimiva rukous

Kestävyys ratkaisee
Vertauksen selityksessä jakeissa 9-13 käytetään kreikankielen aikamuotoa, joka voidaan tulkita: "jatkaa pyytämistä, jatkaa etsimistä, jatkaa koputtamista". Jos mies jatkaa ystävänsä kutsumista, hän saa leipänsä. Jos hän antaa periksi, hän joutuu palaamaan kotiin tyhjin käsin.

Niinpä meidänkin tulisi jatkaa rukousta rohkeasti, kunnes saamme Jumalalta vastauksen – aivan kuten Jeesus jatkaa esirukousta meidän puolestamme. Mikään ei saa häntä lopettamaan.

Varma lopputulos
Vertauksella on onnellinen loppu. Mies saa pyytämänsä kolme leipää. Ei ole väliä sillä, saiko hän ne ystävyyssuhteen vai sinnikkään rohkeutensa ansiosta. Vain sillä on väliä, että hänellä on nyt leivät mukanaan.

Saattaa olla, että Jeesus asettaa vastakkain jakeessa 8 mainitun rikkaan ystävän ja jakeessa 13 mainitun taivaallisen Isän. Tämä korostaa rukouksen varmaa lopputulosta. Kun ystävämme on Isä, on mahdotonta pettyä. Hän antaa meille hyviä asioita. Hän antaa meille kaiken mitä tarvitsemme – Pyhän Hengen. Niinpä Jeesuksen taivaalliset pyynnötkään eivät jää vaille vastausta. Hänen morsiantaan valmistellaan häitä varten.

Jeesuksen malli esirukouksesta
Viimeisen ehtoollisen jälkeen, kun Jeesus oli opettanut opetuslapsille Pyhästä Hengestä ja rukouksesta, hän lausui "ylimmäispapillisen rukouksen", josta kerrotaan Johanneksen evankeliumin luvussa 17. Tämä rukous on Raamatun selkein esimerkki Kristuksen esirukouksesta.

Niin kuin Matteus 6:9-13 antaa meille mallin rukoukseen, samoin Johanneksen evankeliumin 17. luvun tulee olla meille esirukouksen mallina.

Joh. 17 sisältää yhden sijasta kolme rukousta:

Rukous Uudessa testamentissa

◆ Jakeet 1–8 kuvaavat Jeesuksen rukousta omasta puolestaan

◆ Jakeet 9–19 kuvaavat Jeesuksen rukousta yhdentoista opetuslapsen puolesta

◆ Jakeet 20–26 sisältävät esirukouksen meidän puolestamme.

Näillä kolmella rukouksella on viisi yhteistä piirrettä:

◆ Kukin rukous alkaa tarkalla ilmaisulla, joka osoittaa, kenen puolesta Jeesus rukoilee – jakeet 1, 9 ja 20

◆ Kunkin rukouksen pääteema on kirkkaus – jakeet 1–5, 10 ja 22

◆ Kukin rukous on osoitettu Isälle – jakeet 5, 11 ja 21

◆ Kussakin rukouksessa mainitaan ihmiset, jotka Isä on antanut Jeesukselle – jakeet 2, 9 ja 24

◆ Yhtenä teemana kussakin rukouksessa on Jeesuksen julistus Isästä – jakeet 6, 14 ja 26.

Jeesuksen rukous omasta puolestaan
Tässä osassa Johanneksen evankeliumin 17. luvussa olevaa rukoustaan Jeesus pyytää, että Poika kirkastettaisiin, jotta hän voisi kirkastaa Isän. Sanan "kirkkaus" määritelmä on "näkyvä kuninkuuden osoitus voimatekojen kautta". Jos noudatamme tätä mallia, pyydämme Isää kirkastamaan Pojan meissä, ja Joh. 16:13–14 osoittaakin, että tämä on yksi Pyhän Hengen erityisistä tehtävistä.

Golgata ja pääsiäisaamu olivat Jumalan vastaus Kristuksen pyyntöön kirkastamisesta. Kärsimys ja muuntuminen voivat olla Jumalan vastaus rukouksiimme.

Jeesus oli ilmoittanut Isän nimen kahdelletoista opetuslapselle. Jumalan nimi on tärkeä teema Johanneksen evankeliumissa, jonka painopiste on Jeesuksen osoittaminen Jumalan Pojaksi. Näyttää siltä, että Johannes ymmärsi tämän nimen olevan *ego eimi* – se on kreikankielinen vastine nimelle,

Toimiva rukous

jonka Jumala oli ilmoittanut Moosekselle (2. Moos. 3:13-15). Nimi merkitsee "minä olen se, joka minä olen" tai ehkä "minä tulen olemaan se, joka minä tulen olemaan".

Jumalan nimi vastaa Raamatussa hänen toimivaa luontoaan. Se merkitsee, että Jeesus oli ilmoittanut Jumalan nimen ilmoittamalla itsensä Jumalaksi. Tässä piilee salaisuus, joka ei koskaan selviä täysin, ei edes silloin, kun hän tulee takaisin kunniassaan – Ilm. 19:12.

Nykyään Jeesus tunnetaan vielä nimellä Jeesus. Hänestä voidaan käyttää myös nimiä Jumalan Sana, Kuningasten Kuningas ja Herrain Herra – Ilm. 19:13 ja 16. Mutta Ilmestyskirja 19:12 osoittaa, että hänellä on toinen nimi, jota ei vielä tiedetä. Yhdessä yli kolmensadan muun Raamatussa mainitun Jumalan nimen ja arvonimen kanssa tämä on se, mihin me viittaamme rukoillessamme "Jeesuksen nimessä".

Joka kerta rukoillessamme hänen "nimessään" me odotamme tämän aikakauden loppua. Kohdissa 5. Moos. 12:5, Psalmi 9:7-10, Psalmi 20:7, Psalmi 22:22 ja Jesaja 52:6 odotetaam päivää, jolloin Jumalan nimi tulee tunnetuksi. Tämä osoittaa, että Jumalan nimen julistamisen ja ilmoittamisen tulisi kuulua tärkeänä osana rukouksiimme toistemme ja omasta puolestamme.

Jeesuksen rukous yhdentoista opetuslapsen puolesta
Tämä osa Jeesuksen rukousta Johanneksen evankeliumin 17. luvussa jatkaa hänen rukoustaan kirkastamisesta. Juuri opetuslasten kestävyys ja todistus varmistavat, että Jumalan nimi tulee kirkastetuksi.

Vastustus on tämän rukouksen keskeinen teema. Opetuslapset jäävät tähän maailmaan, mutta he eivät kuulu siihen. He ovat muukalaisia ja aiheuttavat sen tähden levottomuuksia. Jeesus on antanut heille Jumalan sanan, joten maailma reagoi heihin väistämättä vihamielisesti.

Jakeessa 11 sanotaan, "Pyhä Isä, suojele heitä nimesi voimalla, sen nimen, jonka olet minulle antanut". Monet englanninkieliset raamatunkäännökset eroavat tässä

Rukous Uudessa testamentissa

suomenkielisistä, mutta *Good News Bible* kääntää tämän kohdan samalla tavoin: "Keep them safe, by the power of your name, the name you gave me" (suom. huom.).

On mielenkiintoista havaita, mitä Jeesus ei rukoile tässä tilanteessa. Hän ei rukoile maailman puolesta eikä hän myöskään rukoile vihamielisyyden lakkaamista. Jakeissa 11-15 hän sen sijaan rukoilee opetuslastensa turvallisuuden puolesta.

Vanhassa testamentissa on yleinen ajatus, että Jumalan nimi on sekä turvapaikka että varustus. Psalmi 20, Psalmi 91:14, Psalmi 124 sekä Sananlaskut 18:10 kuvaavat kaikki tätä.

Nykyään monet uskovat rukoilevat usein helppoa vaihtoehtoa, kun Jumala haluaa paljastaa rakkautensa syvyyden vaikeuksien kautta. Kristus ei voinut lähteä tästä maailmasta joutumatta vastakkain pahan kanssa, emmekä voi mekään. Tämä osoittaa, että meidän pitäisi rukoilla turvaa ja voimaa eikä niinkään mahdollisen vastustuksen loppumista.

Rukoillessaan yhdentoista opetuslapsen puolesta Jeesus pyysi, että heidät asetettaisiin erilleen – pyhitettäisiin – palvelutehtävään ja pyhitettäisiin totuudessa. Johanneksen evankeliumin jakeiden 15:26-27 perusteella kyseessä täytyy olla asettaminen erilleen palvelutehtävää varten Pyhässä Hengessä – Totuuden Hengessä.

Tämä osoittaa, että meidän tulisi vedota niiden uskovien puolesta, joista Jumala on laskenut sydämellemme rukoustaakan – jotta heidät pyhitettäisiin Hengessä tehtävää varten. Tämä on tehokkain rukous evankelioinnin puolesta. Me emme rukoile vain ihmisten pelastumista vaan myös pelastuneiden puolesta. Me rukoilemme, että he palvelisivat Jumalaa yhä enemmän julistamalla hänen nimeään voimalla niille, jotka eivät vielä tunne häntä.

Jeesuksen rukous meidän puolestamme
Johanneksen evankelimin 17. luvun viimeisessä osassa Kristus esitti kaksi rukousta meidän puolestamme.

Toimiva rukous

Ensinnäkin hän rukoili, että me olisimme yhtä. Kolminaisuus on tämän yhteyden malli. Se on yhteyttä, jonka alkuperä on Jumalan eikä ihmisten toiminnassa. Se on näkyvää yhteyttä, joka haastaa maailman todistamalla Kristuksen jumaluudesta. Jeesus haastoi maailman olemalla selvästi yhtä Isän kanssa. Mekin haastamme maailman olemalla yhtä toistemme ja Jumalan kanssa.

Jeesus haastoi maailman myös paljastamalla Jumalan kirkkauden voimateoilla. Mekin haastamme maailman samalla tavoin. Tämä osoittaa, että ihmeet ja merkit seuraavat yhteyttä. Jos haluamme ihmeitä ja merkkejä, meidän pitää rukoilla yhteyden puolesta.

Toiseksi Jeesus rukoili, että me olisimme hänen kanssaan ikuisesti. Sulhanen rukoilee, että hänen hääpäivänsä koittaisi pian. Ilmestyskirjan jakeessa 22:17 sanotaan, että myös Henki ja morsian huutavat: "Tule". Mutta rukoileeko morsian tosiaan sitä nykyään?

Uudessa testamentissa on lupaus, että me näemme Jumalan kirkkauden ja saamme nauttia siitä kestettyämme tämän maailman kärsimykset. Kristus jouduttaa tätä päivää rukoilemalla jatkuvasti, että morsian tulisi täydelliseksi. Hän kutsuu meitä seuraamaan esimerkkiään.

Jeesuksen mallirukous

Jeesuksen mallirukous Matteuksen ja Luukkaan evankeliumeissa (Matteus 6:9–13 ja Luukas 11:2–4) on maailman tunnetuin ja useimmin käytetty rukous. Useimmat ihmiset eivät kuitenkaan käsitä tämän rukouksen merkitystä, sillä Jeesus antaa siinä rungon kaikille rukouksille eikä niinkään yhtä rukousta toistettavaksi yhä uudestaan.

Matteus 6:5–9 selittää tämän mallirukouksen taustaa. Jeesus ei halua meidän rukoilevan tekopyhästi jakeissa 5–7 kuvatulla tavalla.

Hän ei halua meidän rukoilevan tehdäksemme vaikutuksen muihin. Hän ei halua meidän pitävän pitkiä julkisia rukouksia. Hän selittää myös, että lähestyessämme Jumalaa rukouksessa

Rukous Uudessa testamentissa

hän tietää jo meidän tarpeemme eikä siksi tarvitse tietoa olosuhteistamme.

Sen sijaan Jeesus käskee meidän rukoilla "näin". Herran rukous on hänen esimerkkinsä rukouksesta. Hän antaa meille "rukouksen rungon", jota voimme laajentaa. Rukoillessamme täydennämme sitä omaan tilanteeseemme liittyvillä yksityiskohdilla.

Isä meidän
Tämä rukous on sekä henkilökohtainen että yhteisöllinen. Se on selvästi henkilökohtainen rukous, jota voidaan käyttää yksityisesti – ja kuitenkin siinä käytetään toistuvasti sanoja "me" ja "meidän". Se on taas yksi muistutus juutalaisten periaatteesta, että meidän pitäisi rukouksessa olla yhteydessä keskenämme. Tämä ilmaus viittaa siihen, että meidän pitäisi rukoillessamme muistuttaa itsellemme sekä suhteestamme Jumalaan, joka tulee uskosta Kristukseen, että yhteydestämme muihin uskoviin. Meidän tulisi rukoillessamme kertoa Jumalalle, mitä hänen isyytensä merkitsee meille, ja kiittää häntä siitä.

Joka olet taivaissa
Rukoustamme tulisi ohjata oivallus, että Jumala istuu valtaistuimella ja hänellä on kaikki hallinnassaan. Voimme pyytää häntä auttamaan meitä tulemaan tietoisemmeksi hänen suuruudestaan ja läsnäolostaan.

Pyhitetty olkoon sinun nimesi
Nämä sanat ohjaavat meitä rukoilemaan – kuten Jeesus rukoili Johanneksen evankeliumin 17. luvussa – että Jumalan kirkkaus ja hänen nimensä pyhyys tulisi tunnetuksi ja tunnustetuksi erityisillä tavoilla. Jumala on hyvä Isä, joka iloitsee saadessaan antaa meille hyviä asioita ja paljastaessaan eri puolia luonteestaan eri nimiensä kautta.

Rukoillessa on hyvä puhutella Jumalaa sillä nimellä, joka sopii parhaiten senhetkiseen rukoukseen, kuten Parantaja, Auttaja, Pelastaja, Opas, Luoja, Vapahtaja, Paimen jne.

Toimiva rukous

Tulkoon sinun valtakuntasi
Nämä sanat muistuttavat meitä rukoilemaan, että Jumala vahvistaisi ja laajentaisi valtaansa, kun ihmiset polvistuvat Jeesuksen Kristuksen edessä ja me alistumme yhä enemmän Kristuksen hallintavaltaan. Kun pyydämme Jumalan valtakunnan tulemista, pyydämme Jumalaa hallitsemaan – järjestämään asiat mielensä mukaan – niissä tilanteissa ja niiden ihmisten kohdalla, joiden puolesta rukoilemme.

Tapahtukoon sinun tahtosi myös maan päällä niin kuin taivaassa
Jumalan valtakunnan tuleminen tarkoittaa, että taivaan olosuhteet paljastetaan maan päällä. Tämä ei tietenkään tapahdu täysin ennen kuin valtakunta tulee tänne lopullisesti, mutta tällä välin meidän tulee rukoilla, että Jumalan ilmoittama tahto toteutuu niissä erityisissä tilanteissa, jotka koskettavat meitä.

Me voimme kiittää häntä siitä, että hän haluaa tahtonsa tapahtuvan maan päällä, ja voimme luottaa siihen, että se tapahtuu, kun me rukoilemme.

Anna meille tänä päivänä jokapäiväinen leipämme
Tämä osoittaa meille, että meidän tulee rukoilla päivittäisten fyysisten tarpeidemme puolesta. Jumala aikoo antaa lapsilleen, mitä he tarvitsevat, mutta meidän täytyy itsekin tehdä voitavamme toimeentulomme turvaamiseksi.

Kuten mies Jeesuksen vertauksessa, me rukoilemme niiden tarpeiden puolesta, joista emme pysty itse huolehtimaan. Koemme totuuden Jumalan huolenpidosta vain yhdistämällä rukouksen toimintaan.

Ja anna meille velkamme anteeksi
Meidän tarvitsee rukoilla hengellistä anteeksiantoa Taivaalliselta Isältämme sekä talousasioiden puolesta, että armottomat tai epäoikeudenmukaiset velkojat armahtaisivat meitä. Lunastettuina uskovina me olemme jo saaneet

lain mukaan anteeksi, mutta me tarvitsemme päivittäistä puhdistumista ylläpitääksemme henkilökohtaista yhteyttä Jumalaan.

Kuten jokapäiväinen leipä, anteeksianto saadaan rukouksen ja toiminnan kautta. Meidän tulisi rukoilla vain niiden tarpeiden puolesta, joista emme kykene huolehtimaan itse, tai että Jumala varustaisi meidät huolehtimaan niistä niillä voimavaroilla, jotka hän on antanut meille.

Olemme selvästi hakoteillä, jos pyydämme Jumalaa huolehtimaan tarpeista, kun hän on jo vastannut rukoukseemme antamalla meille tarvittavat voimavarat, mutta me emme ole ottaneet niitä käyttöön. Jos me taas olemme tehneet sen, mihin Jumalan antamilla voimavaroilla pystymme, voimme toki pyytää häntä tekemään vielä enemmän.

Niin kuin mekin annamme anteeksi niille, jotka ovat meille velassa

Jeesus tekee selväksi, että Taivaallinen Isämme pidättää anteeksiannon niiltä, jotka itse kieltäytyvät antamasta anteeksi muille. Tätä korostetaan Matteuksen evankeliumin jakeissa 6:14–15. Hän ei ilmeisestikään tarkoita, että me joutuisimme kokemaan Jumalan tuomion ja vihan. Hän viittaa pikemminkin siihen, että Jumala pidättää meiltä isällisen anteeksiantonsa, kunnes opimme antamaan muille anteeksi. Hän puhuu meille poikina ja tyttärinä, jotka voimme ajoittain pahoittaa Isämme mielen, mutta Taivaallisena Isänä hän kurittaa meitä rakkaudella.

Anteeksiantaminen ei ole aina helppoa – tarvitsemme siihen Jumalan apua. Se on kuitenkin välttämätöntä, koska muuten emme saa Jumalan armoa.

Äläkä anna meidän joutua kiusaukseen

Nämä sanat osoittavat, että meidän tulee pyytää Jumalaa varjelemaan meitä lankeamasta syntiin ja auttamaan meitä selviämään elämässä vastaan tulevista koetuksista.

Toimiva rukous

Vaan päästä meidät pahasta
Useimmissa suomalaisissa raamatunkäännöksissä kirjoitetaan sana "paha" pienellä, vaikka se viittaa henkilöityneeseen "Pahaan". Me olemme kaikki mukana hengellisessä sodankäynnissä, ja meidän tarvitsee pyytää, että Isä pelastaisi meidät vihollisen hyökkäyksiltä.

Sillä sinun on valtakunta ja voima ja kunnia iankaikkisesti. Amen.
Jeesuksen mallirukous päättyy sanoihin, jotka on lainattu ylistystä ja voitonriemua uhkuvasta 1. Aikakirjan kohdasta 29:11–12. Me voimme siis päättää rukouksemme kiittämällä Jumalaa hänen voimastaan ja voitostaan niiden tilanteiden kohdalla, joiden puolesta olemme rukoilleet.

Rukousta kuvaavat sanat Uudessa testamentissa
Tarkasteltuamme Jeesuksen opetusta ja esimerkkiä rukouksesta voimme nyt tutkia joitakin Uuden testamentin rukousta tarkoittavia sanoja.

Rukousta kuvaavien ilmaisujen moninaisuus Uudessa testamentissa osoittaa, kuinka rikasta alkuseurakunnan aikainen rukouselämä oli. Kuten eräässä kommentaarissa on mainittu, "rukous oli alkuseurakunnan elämän henkäys".

Uuden testamentin käsitystä rukouksesta käsitellään luonnollisesti koko tässä kirjassa ja Paavalin rukouksia osassa kuusi. 1. Tim. 2:1 sisältää kuitenkin esimerkkejä joistakin Uuden testamentin rukoustyypeistä, ja niitä onkin hyödyllistä tarkastella tässä lyhyesti:

Kehotan ennen kaikkea anomaan, rukoilemaan, pitämään esirukouksia ja kiittämään kaikkien ihmisten puolesta ...

Tämä jae voidaan jakaa neljään osioon:

Deesis **– anominen**
Kreikankielen sana *deesis* viittaa pyytämiseen tiedostetun tarpeen takia. Tässä tarve on ensi sijalla, ja me tulemme Jumalan eteen, koska meillä on taakka kannettavana. Esirukouksessa

Rukous Uudessa testamentissa

meidän täytyy samastua tarpeeseen jopa niin voimakkaasti, että tunnemme sen itsekin. Rukoustemme lähtökohtana tulisi olla tämä samastuminen ja tarpeen tiedostaminen.

Deesis esiintyy Uudessa testamentissa 19 kertaa, ja vaikka se voidaan kääntää yksinkertaisesti rukoukseksi, sitä käytetään usein tarkemmassa merkityksessä "anomus", kuten Filippiläiskirjeen jakeessa 4:6. *Deomai*, joka tarkoittaa "pyytää" tai "etsiä", kuvaa hurskaan ihmisen voimallista rukousta Jaakobin kirjeen kohdassa 5:16.

Tämä muistuttaa meille, että rukous on myös pyyntö omien tai toisten tarpeiden puolesta.

Proseuche – **rukoukset**
Kreikankielen sana *proseuche* viittaa "Jumalan huolenpidon pyytämiseen riippuvaisena hänestä". Meidän tulee keskittyä Jumalan kykyyn vastata pyyntöön ja täyttää tarpeemme.

Proseuche-sanaa käytetään Uudessa testamentissa 37 kertaa, ja se on yleisin termi, joka kuvaa rukousta ja Jumalalta anomista joko omasta tai toisten puolesta. Verbi *proseuchomai* kattaa kaikki avuksi huutamisen piirteet, kuten pyynnön, anomisen, lupauksen ja pyhittämisen. Sanaa käytettiin antiikin Kreikassa Jumalan kutsumista kuvaavana yleiskäsitteenä.

Enteuxis – **esirukous**
Kuten osassa neljä nähdään, kreikankielen sana *enteuxis* (verbi *entugchano*) on yleiskäsite, joka kuvaa anomuksen esittämistä kuninkaalle. Siinä on mukana myös ajatus jonkun edustamisesta tai jonkun puolesta rukoilemisesta.

Eucharistia – **kiitosrukous**
Eucharistia-rukouksessa esitämme kiitoksen Jumalalle pyyntöihin saamistamme vastauksista. Meidän tulisi kiittää Jumalaa sekä ennen vastauksen saamista että sen jälkeen. Kiitosrukous ei vaikuta Jumalan halukkuuteen siunata meitä vaan pikemminkin auttaa meitä vastaanottamaan siunauksia.

Toimiva rukous

1. Timoteuskirjeen jakeessa 2:1 voidaan nähdä, miten rukous etenee:

◆ Alussa sinulla on tiedostettu tarve

◆ Sitten Pyhä Henki osoittaa sinulle, että Jumala pystyy vastaamaan tähän tarpeeseen

◆ Sen jälkeen esirukoilet ja pyydät Jumalan vastausta juuri tähän tarpeeseen

◆ Lopulta aloitat kiitosrukouksen, koska saat varmuuden, että vastaus on saatu.

Muita Uuden testamentin rukousta tarkoittavia sanoja
Uudessa testamentissa käytetään myös toista rukousta merkitsevää sanaa, *aiteo*, joka tarkoittaa "pyytää", "anoa" tai "vaatia". Tätä sanaa käytetään kohdassa 1. Joh. 3:22, jossa luvataan, että kuuliaiset uskovat saavat Jumalalta mitä tahansa pyytävät.

Sanaa *hiketeria* käytetään Uudessa testamentissa vain kerran kohdassa Hepr. 5:7, ja se merkitsee anomista.

Myös kreikankielen sana *epikaleo* esiintyy usein, silloin kun kutsutaan Jumalaa tai hänen nimeään rukouksessa, kuten kohdassa Apt. 2:21.

Osa 3

Pyhä Henki ja rukous

Kun luemme Mooseksen, Elian, Esran, Danielin ja Jeesuksen kaltaisten miesten rukouksista, useimmat meistä ihmettelevät, miten me voisimme koskaan rukoilla kuten he. Me haluamme rukoilla enemmän, haluamme rukoilla tehokkaammin. Haluamme tuntea Jumalan. Mutta emme pysty kuvittelemaan, miten se tapahtuisi.

Joka kerta, kun kysymme "miten?", Raamatun vastaus on aina sama: "Pyhä Henki tulee sinun yllesi". Erityisesti se pitää paikkansa rukouksen suhteen.

Rukouksen henki
Osassa yksi mainittiin, että profeetat olivat Vanhan testamentin esirukoilijoita. Syynä tähän oli se, että heillä oli siihen tarvittava Hengen voitelu.

Vanhassa testamentissa ei sanota suoraan, että ainoat esirukoilemaan pystyvät ihmiset olivat ne, jotka olivat vastaanottaneet Hengen. Kuitenkin ainoat ihmiset, joiden esirukouksista siellä kerrotaan, olivat profeettoja – ja profeetat olivat tietysti Vanhan testamentin suurin ihmisryhmä, jotka olivat saaneet Hengen.

Sakarja 12:10
Tämä on raamatunkohta, joka yhdistää kaikkein selvimmin Hengen ja rukouksen: "Mutta Daavidin sukuun ja Jerusalemin asukkaisiin minä vuodatan armon ja rukouksen nöyrän hengen".

Luvatessaan, että on tuleva päivä jolloin Jumalan Henki vuodatetaan ihmisten ylle, Sakarja toistaa Raamatun kirjoissa yleistä lupausta, josta tunnetuin esimerkki on Joel 2:28.

Toimiva rukous

Kuvatessaan Jumalan Henkeä "Rukouksen henkenä" Sakarja ennakoi ja esittelee totuutta, joka nähdään selvästi Uudessa testamentissa.

Johannes 14:13-17
Tässä viimeistä ehtoollista kuvaavassa kohdassa Jeesus osoittaa, että kyky rukoilla ja Pyhä Henki ovat rinnakkaisia ja toisistaan erottamattomia.
Jeesuksen tärkein rukous on kuvattu jakeissa 13-14. Tässä selvästi rukousta käsittelevässä yhteydessä hän lupaa, että opetuslapset saavat *allos parakletos* – toisen puolustajan – eli Pyhän Hengen, joka on heidän kanssaan ikuisesti.
Kreikankielen sanat *allos parakletos* tarkoittavat, että:

◆ Henki on täysin sama kuin Jeesus

◆ Henki kutsutaan rinnallemme auttamaan meitä rukoilemalla kanssamme.

Joissakin raamatunkäännöksissä *parakletos* on käännetty sanoilla "avustaja" tai "lohduttaja", mutta näistä sanoista ei käy ilmi hänen rukoustehtävänsä. Joissakin uudemmissa käännöksissä *parakletos* onkin käännetty osuvasti "puolestapuhuja". (Tätä kuvaava englanninkielen sana tulee latinan sanasta *advocatus*, joka tarkoittaa "henkilöä, joka on kutsuttu edustamaan toista" tai "henkilöä, joka toimii ja väittelee toisen henkilön asian puolesta".) Tästä välittyy ajatus, että Henki on lähetetty Jumalan luota sekä auttamaan meitä puhumaan että puhumaan meidän puolestamme.

Uudessa testamentissa korostetaan, että Henki johtaa huomion Jeesukseen auttamalla meitä puhumaan profeetallisesti ja evankelioivasti. Monista raamatunkohdista käy kuitenkin ilmi myös hänen rukoustehtävänsä: hän on Rukouksen Henki, joka sekä auttaa meitä rukoilemaan että rukoilee meidän puolestamme. Esimerkkejä tästä on kohdissa Room. 8:15 ja 26-27, Ef. 2:18 ja 6:18 sekä Juudas 1:20.

Pyhä Henki ja rukous

Hän saa meidät huutamaan "Abba, Isä"

Uuden testamentin kohdissa Gal. 4:5-6, Ef. 1:5 ja Room. 8:15 opetetaan, että Jeesus kuoli lunastaakseen meidät ja adoptoidakseen meidät Jumalan perheeseen. Koska meistä on tullut Isän poikia ja tyttäriä, Jumala on lähettänyt Henkensä elämäämme – ja tässä Hengessä me huudamme *"Abba*, Isä".

Paavali antaa ymmärtää, että Henki tulee elämäämme lahjana liittyessämme Jumalan perheeseen ja että hän auttaa meitä kutsumaan Jumalaa sillä läheistä perhesuhdetta ilmaisevalla nimellä, jota Jeesus käytti.

Aramean kielen sana *Abba* on ensimmäinen sana Jeesuksen mallirukouksessa, jonka on kirjattu Matteuksen evankeliumin 6. lukuun. Se merkitsee, että me voimme täysin omaksua ja rukoilla tämän mallirukouksen vain Hengen avulla. Emme pääse Herran rukouksen ensimmäistä sanaa pidemmälle ilman hänen apuaan!

Hän tulee rukouksen kautta

Henki on Jumalan lahja meille ja tulee meihin, jotta me voimme tuntea Jeesuksen läsnäolon ja ilmoittaa hänen läsnäolonsa maailmalle. (Tätä käsitellään tarkemmin Hengen miekka -sarjan toisessa osassa, Hengen tunteminen.)

Toistaiseksi kannattaa muistaa Jeesuksen lupaus Luukkaan evankeliumin jakeessa 11:13. Sen mukaan Jumala antaa Pyhän Hengen niille, jotka häneltä pyytävät – ja Jeesus antoi tämän lupauksen juuri opettaessaan rukouksesta. Tämä Luukkaan evankeliumin jae 11:13 on huippukohta ja loppulause Jeesuksen mallirukoukselle, rukousta käsittelevälle vertaukselle ja hänen opetukselleen sinnikkyydestä.

Luukas korostaa tätä Hengen tulemisen ja rukouksen yhteyttä kahdessa kirjassaan, Luukkaan evankeliumi ja Apostolien teot:

♦ Jeesus rukoili kasteensa aikana, kun Henki tuli hänen ylleen – Luukas 3:21-22

♦ Kun opetuslapset rukoilivat, Henki tuli heidän ylleen –

Toimiva rukous

Apt. 1:14 ja 2:1–4

◆ Kohdattuaan Jeesuksen Damaskoksen tiellä Saulus rukoili ja paastosi kolme päivää, ja sitten Henki täytti hänet – Apt. 9:9–18

◆ Juuri kun Kornelius rukoili – ja koska hän uhrasi Jumalalle rukouksia – Henki vuodatettiin hänen ylleen – Apt. 10:30–44.

Hän auttaa meitä rukoilemaan
On hyvä muistaa, että Vanhan testamentin esirukousta kuvaava sana – *paga* – merkitsee "lähestyä vetoomuksen kanssa". Edellä mainittiin, että Vanhan testamentin profeetat pystyivät esirukoilemaan jonkun puolesta Jumalaa, koska vain heillä oli Hengen voitelu, joka antoi heille oikeuden tulla Isän kasvojen eteen.

Pääsy Jumalan eteen
Ef. 2:18 osoittaa, että juuri Henki antaa meille tarvitsemamme pääsyn Isän eteen. Kristus itse sovitti kuolemallaan Jumalan ja ihmiskunnan, mutta juuri Hengen avulla me voimme tarttua kiinni tähän mahdollisuuteen.

Siksi Ef. 2:18 kertookin, että "Kristus on avannut meille pääsyn Isän eteen Hengen johdattamina".

◆ Ilman Jeesusta on mahdotonta päästä Isän lähelle.

◆ Ilman Henkeä toimimme kuin kaikki muutkin ihmiset – kutsumme Luojaa hyvin kaukaa ilman varmuutta siitä, että hän vastaa pyyntöihimme.

◆ Hengen avulla me pystymme muinaisten profeettojen tavoin lähestymään Jumalaa ja käymään yksityistä keskustelua kasvotusten Isän kanssa.

Pyhä Henki ja rukous

Voimaa puheeseen
Miika 3:8 osoittaa, että Henki antaa meille Jumalan voimaa puheeseen. Tätä ajatusta kehitetään eteenpäin Uudessa testamentissa keskittyen Hengen voimaan – erityisesti uskovien puheen voimauttajana. Apt. 2:4 ja 1. Kor. 2:4–5 ovat esimerkkejä tästä.

Tämä Hengen voiman ominaisuus tehostaa todistustamme ja rukouksiamme. Room. 8:26–27 osoittaa, että Henki auttaa meitä erityisesti silloin, kun tunnemme itsemme liian heikoiksi rukoilemaan.

Toisin sanoen Henki antaa meille:

◆ Voimaa vastustaa oman luontomme tai pahojen henkien aiheuttamaa kiusausta lyödä rukous laimin

◆ Energiaa polvistua ja alkaa rukoilla

◆ Voimaa jatkaa rukousta kunnes saamme Jumalalta vastauksen

Sanoja rukoukseen
Room. 8:26–27 on tärkeä Henkeä ja rukousta käsittelevä kohta. Henki tietää, että on aikoja, jolloin emme tiedä, mitä pitäisi rukoilla. Hän tietää, että me emme ole varmoja Jumalan tahdosta jossakin tilanteessa emmekä osaa rukoilla selkeästi. Tällöin Henki auttaa meitä, hän ottaa tilanteen hallintaansa sekä meidän kanssamme että meidän puolestamme.

Henki antaa meille tarvittavat sanat. Tämä toimii samalla tavoin kaikessa Hengen innoittamassa puheessa. Me annamme käyttöön mielemme ja huulemme ja Henki antaa sanat. Kaikki Hengen lahjat – kaikki profetointi, kaikki evankeliointi, kaikki rukous – noudattaa samaa mallia.

Tulemme Jumalan eteen heikkoina ja tietämättöminä ja annamme Hengen puhua kauttamme. Mutta se ei tapahdu automaattisesti! Joskus Pyhä Henki tuo esiin muiston alitajunnastamme – laulun, jota olemme laulaneet, lukemamme raamatunkohdan tai kuulemamme rukouksen – ja kehottaa meitä käyttämään sitä rukouksessa.

Toimiva rukous

Toisella kertaa Henki voi kehottaa meitä käyttämään omia ajatuksiamme ja rukoilemaan spontaanisti. Toisinaan hän ohjaa meidät rukoilemaan ilman sanoja, syvillä huokauksilla – ikään kuin olisimme synnyttämässä jotakin sellaista, jota emme voi ymmärtää.

Normaalisti Henki antaa meille päälinjat ja tärkeimmät rukousaiheet, ja me liitämme niihin mukaan yksityiskohdat.

Hän rukoilee meidän puolestamme

Room. 8:26–27 osoittaa, että Henki ei vain auta meitä rukoilemaan, hän myös rukoilee puolestamme. Näin meillä on sisimmässämme jumalallinen esirukoilija, joka sekä opettaa meitä rukoilemaan että rukoilee meidän rinnallamme ja meidän puolestamme.

Entugchano

Room. 8:27 käyttää kreikankielen sanaa *entugchano* kuvaamaan tapaa, jolla Henki esirukoilee puolestamme. Täsmälleen samaa sanaa käytetään kohdassa Hepr. 7:25 kuvaamaan Jeesuksen taivaallista esirukousta pyhien puolesta. Tämä harvinainen sana korostaa totuutta, että Henki on sama kuin Jeesus – kumpikin toteuttaa samaa tehtävää saman ihmisryhmän puolesta.

Entugchano ei tarkoita, että Henki – tai Poika – kerjäisi vastahakoista Isää antamaan jotain, jota hän ei halua antaa. *Entugchano* tarkoittaa kirjaimellisesti "myötäillä jotakuta" ja siinä on mukana myös merkitys "olla mukana". Se merkitsee "esirukoilla jonkun puolesta" tai "vedota jonkun henkilön asian puolesta".

Taivaassa Kristus on Jumalan "mukana" meidän hyväksemme. Hänen läsnäolonsa on todiste siitä, että meidät on hyväksytty. Hän puhuu meidän puolestamme. Aina tarvitessamme hän pyytää, mitä tarvitsemme. Hän on koko ajan oikeassa paikassa sanoakseen aina sopivassa tilaisuudessa sanan meidän puolestamme.

Pyhä Henki ja rukous

Samoin on myös Hengen laita. Aina kun kamppailemme maan päällä jostakin asiasta, Jumalan Henki on "mukana" meidän puolellamme. Kun kannamme jostakin asiasta tuskaa rukouksessa, hän on mukana puhumassa meidän puolestamme. Meidän ei tarvitse koskaan lähestyä Jumalaa omin voimin. Henki tulee mukaamme ja toimii puolestapuhujanamme. Hän tuo esiin sisimmät tarpeemme, joskus jopa niin syvillä huokauksilla, ettei niitä voi pukea sanoiksi. Hän varmistaa, että rukouksemme pitää täysin yhtä Jumalan tahdon kanssa, ja takaa, että Jumala aina kuulee syvimmät pyyntömme.

Hän puhuu meille
Johanneksen evankeliumin jakeessa 14:26 Jeesus lupasi, että Pyhä Henki opettaisi meitä ja muistuttaisi meitä kaikesta, mitä Jeesus oli opettanut. Jakeessa Joh. 16:13 Jeesus toteaa, että Henki johdattaa meidät kaikkeen totuuteen ja kertoo meille tulevista asioista. Näissä jakeissa Jeesus tekee selväksi, että Henki puhuu meille. Kun me rukoilemme, hän puhuu meille hiljaa.

Juuri näin tapahtui Vanhassa testamentissa. Yhä uudelleen profeetat osoittavat, että he kuulivat Jumalan puhuvan heille. "Herran sana tuli hänelle" on Vanhassa testamentissa hyvin usein toistuva sanonta – esimerkkejä: Jeremia 1:11, 18:1 ja 5, Hesekiel 3:16, Joona 1:1, Sakarja 1:1 ja 7. Jeremia 27:18 osoittaa, että Jumalan sanan kuuleminen oli profeetoille oleellinen osa esirukousta.

Olosuhteet
Jumala sulkee yhden oven ja avaa toisen. Meidän tulee olla herkkiä hänen johdatukselleen ja seurata niitä ovia, joita hän avaa – ks. Apt. 16:10.

Muut kristityt
Meidän pitäisi antaa muiden kristittyjen testata syvimpiä vakaumuksiamme. Jos ajatuksemme ovat todella tulleet Jumalalta, muut Hengelle avoimet ihmiset vahvistavat hänen

Toimiva rukous

johdatuksensa. Esimerkkejä tästä on Apostolien tekojen kohdissa Apt. 6:1-6, 13:1-3 ja 21:11-12.

Jumalan Sana
Henki puhuu meille joko lukiessamme Raamattua tai muistuttaakseen meille joistakin aikaisemmin lukemistamme kohdista. Ef. 6:17 kuvaa tätä Hengen toimintaa hengellisen sodankäynnin yhteydessä. Kolossalaiskirjeen jakeessa 3:16 kuvataan, että Jumalan sana asuu "runsaana" keskuudessamme "kaikella viisaudella". Tämä tarkoittaa, että Henki puhuu meille Jumalan Sanan laajan ja syvän ymmärryksemme kautta, ei valitsemamme yksittäisen peukalopaikan kautta.

Rukoileminen
Meidän tarvitsee oppia erottamaan se erityinen tapa, jolla Henki sujauttaa mieleemme ohjaavia ajatuksiaan, jotta olemme valmiit toimimaan niiden pohjalta. Monien ihmisten mielestä on hyödyllistä jatkaa rukousta jonkin tilanteen puolesta kunnes saavuttavat syvän sisäisen rauhan Jumalan tahdosta. Se ei ole omasta mielestämme tuleva älyllinen varmuus vaan aitoon Pyhän Hengen antamaan todistukseen perustuva käytännön luottamus, jonka ansiosta voimme toimia levollisin mielin.

Hän antaa meille uuden kielen
1. Korinttilaiskirjeen jae 12:10 osoittaa, että Henki auttaa meitä rukoilemaan antamalla meille kielilläpuhumisen armolahjan. Tästä enemmän osassa 9.

Tässä vaiheessa voimme todeta, että kielilläpuhumisen ensisijainen tarkoitus on auttaa meitä rukoilemaan Jumalaa tasolla, johon tietoinen mielemme ei pysty.

1. Kor. 14:14 osoittaa, että rukoillessamme Jumalaa kielillä me emme käytä mieltämme vaan henkeämme. Joillakin ihmisillä on vaikeuksia puhua kielillä, koska he keskittyvät liikaa ymmärryksen tiedostettuihin tasoihin. Näyttää kuitenkin siltä, että rukoillessamme kielillä Henki vaikuttaa henkemme

Pyhä Henki ja rukous

alitajuisiin ajatuksiin ja tunteisiin ja toimii niiden kautta. Kielilläpuhumisen armolahjaa voidaan käyttää kaikissa rukouksissa – kiitosrukouksessa, synnintunnustuksessa, pyynnöissä, palvonnassa, anomisessa, esirukouksessa, hengellisessä sodankäynnissä, ylistyksessä jne. Kielillä rukoileminen näyttää kuitenkin olevan erityisen hyödyllistä kuudella alueella:

Palvonta
Kielillä rukoileminen auttaa meitä ilmaisemaan rakkauttamme Jeesukseen eri tavalla kuin luonnollinen kieli. Ihmissuhteissa meidän on usein vaikea löytää luovempia ja merkityksellisempiä tapoja sanoa: "Rakastan sinua". Kielillä rukoileminen auttaa meitä ilmaisemaan rakkauttamme Jumalaan silloin, kun emme pysty pukemaan tunteitamme sanoiksi.

Esirukous
Kielilläpuhumisen armolahja on hyödyllinen silloin, kun emme tiedä mitä rukoilla. Me pyydetään usein rukoilemaan tai tunnemme kehotusta rukoilla ihmisten puolesta, mutta meillä ei ole aavistustakaan siitä, mitä pitäisi rukoilla. Kun rukoilemme kielillä, Henki esirukoilee meidän kauttamme Jumalan mielen mukaisesti.

Läpimurto
Kielilläpuhumisen armolahja auttaa meitä pääsemään läpi rukouksessa – erityisesti hengellisessä sodankäynnissä. Kun Jumalan vastaus viipyy – ja uskomme on heikko – voimme rukoilla hengellämme. Jumalan usko ei ole koskaan heikko, ja henkemme on paremmin sopusoinnussa hänen uskonsa kanssa kuin mielemme.

Näennäisen mahdottomissa tilanteissa, kun vastustus on kovaa ja olosuhteet vaikeat, rukouksemme voivat helposti muuttua epäilyksen ilmaisuksi. Näinä aikoina kielet ovat erityisen hyödyllisiä, koska rukous Hengessä on täynnä Jumalan uskoa. Se on täynnä Hengen luottamusta siihen,

Toimiva rukous

että Jumala vastaa rukoukseemme ja voittaa vihollisen tai vaikeudet.

Valitus
Monille meistä on vaikeaa valittaa Jumalalle. Miten voisimme tuoda esiin ahdistuksemme sellaisista tapahtumista kuin maanjäristys, lento-onnettomuus, terroristien pommi, epidemia tai murha? Miten me voimme osallistua Jumalan tuskaan? Kielillä rukoileminen voi olla merkityksellistä valitusta tämän maailman synnin seurauksena kokemista sanoinkuvaamattomista kauheuksista.

Kiitosrukous
Miten luonnollinen kielemme pystyisi ilmaisemaan riittävästi kiitollisuuttamme läheisen ystävän parantumisesta tai uskoontulosta? Pelkkä "kiitos" ei tunnu riittävän. Rukous kielillä voisi olla paremmin paikallaan. Silloin tiedämme, että kiitollisuutemme ilmaus kumpuaa olemuksemme syvimmistä sopukoista.

Valmistautuminen
1. Kor. 14:4 osoittaa, että kielillä rukoileminen rakentaa meitä – se vahvistaa henkeämme. Monet ovat kokeneet, että säännöllinen, usein toistuva ja johdonmukainen rukous kielillä on auttanut heitä merkittävästi muuttumaan heikoista todistajista ihmisiksi, joiden todistus tuottaa pysyviä tuloksia. Ehkäpä kielillä rukoileminen on paaston tapaan hengellinen vastine punnerruksille!

Rukous Hengessä
Juudaan kirjeen jae 1:20 sekä Efesolaiskirje 6:18 kuvaavat uskovia "rukoilemassa Hengessä". Kaikki todellinen rukous esitetään Hengessä, mutta Ef. 6:18 viittaa siihen, että Hengessä rukoilemisessa on erityinen hengellisen sodankäynnin piirre. Tästä tarkemmin osassa seitsemän.

Pyhä Henki ja rukous

Ef. 6:10-17 kuvaa Jumalan sotavarustusta. Jakeessa 6:18 kuvataan toimintaa, johon ryhdymme, kun meillä on tämä sotavarustus. Rukous Hengessä on kosketuskohtamme vihollisen armeijaan. Se on taistelukenttä.

Jesajan kirjan jakeissa 59:15-19 Herra oli kauhistunut siitä, että ei ollut ketään esirukoilijaa, ja päätti siksi puuttua itse asiaan. Mutta huomaa, kuinka Jumala varustautui, ja mieti sitten jakeissa 19-21 annettuja lupauksia!

Monet meistä ovat kokeneet pitkiä aikoja, jolloin Henki on johdattanut oman ryhmämme rukoilemaan epätavallisen voimakkaasti, arvovaltaisesti, luottavaisesti ja sinnikkäästi. Tai me olemme kokeneet vapaan ja voimakkaan rukouskauden, jolloin Henki sai ohjata rukouksia ja aikakin tuntui seisahtuvan. Tällaisia rukouksia voidaan hyvällä syyllä kutsua "rukoukseksi Hengessä".

Osa 4

Esirukous

Yleinen käsitys esirukouksesta on yksinkertainen: siinä rukoillaan Jumalaa jonkun toisen puolesta. Tästä voi kuitenkin saada kuvan, että esirukous on samanlaista kuin mikä tahansa rukous ja ainoa ero on, että siinä rukoillaan toisten puolesta. Sen siis erottaisi muista rukouksista vain sana "toisten". Mutta tällainen käsitys vesittää esirukouksen voiman, sillä esirukous on voimakas ja ainutlaatuinen rukoustyyppi.

Englanninkielen esirukousta kuvaava sana "intercession" on peräisin latinan sanasta *intercedo*, joka tarkoittaa "tulla väliin". Esirukouksen periaate on, että me olemme Jumalan ja jonkun toisen välissä edustamassa häntä ja vetoamassa hänen asiansa puolesta. Toimimme tässä ikään kuin puolestapuhujan ja välittäjän tehtävässä.

Raamatussa puolestapuhujat tunsivat sekä edustamansa henkilön että heitä kuulevan hallitsijan kulttuurin ja luonteenlaadun ja toimivat kummankin osapuolen rinnalla. Heidän ei tarvinnut kiemurrella tai keplotella päästäkseen kuninkaan eteen, koska he olivat jo hänen tuttujaan.

Tämä on totta myös meidän kohdallamme. Me lähestymme Jumalaa esirukouksessa, koska meillä on läheinen suhde häneen. Seistessämme rohkeasti hänen edessään me anomme häneltä muiden ihmisten tarpeiden ja huolenaiheiden puolesta.

Esirukous Vanhassa testamentissa
2. Mooseksen kirjan kohdassa 32:30–34:35 on erinomaisia esimerkkejä raamatullisesta esirukouksesta. Lue se huolellisesti, jotta ymmärrät seuraavat raamatulliselle esirukoukselle tyypilliset piirteet:

Toimiva rukous

◆ Mooses asettui kasvokkain Jumalan kanssa toisten puolesta

◆ Hän anoi, että Jumalan kirkkaus ilmestyisi

◆ Hänelle annettiin tehtävä suoritettavaksi ja sanoma julistettavaksi

◆ Hänen täytyi olla sinnikäs esirukouksessaan

◆ Hän huusi Jumalan nimeä

◆ Hän joutui tekemään valtavan henkilökohtauksen uhrauksen

◆ Esirukouksensa sivuvaikutuksena hän itse muuttui.

Paga
Paga on hepreankielen sana, joka useimmiten käännetään sanalla "esirukous". Sitä on vaikea kääntää sanatarkasti, mutta sillä on merkitykset "seistä jonkun edessä tai välissä" ja "lähestyä rajusti". Sanaa *paga* käytetään Vanhassa testamentissa monessa muussakin merkityksessä kuin esirukous, ja nämä merkitykset auttavat meitä ymmärtämään esirukousta.

Raja
Joosuan kirjan jakeissa 19:11, 22, 26, 27 ja 34 sana *paga* kuvaa heimojen välistä rajaa. Heimo saattoi edetä *pagaan* asti mutta ei edemmäs. Useimmat heimosodat olivat yrityksiä rikkoa raja tai siirtää sitä taaksepäin.

Tämän perusteella esirukous on rukousta eturintamalla ja sisältää ajatuksen rajan työntämisestä taaksepäin, kunnes saavutamme niiden asioiden rajan, jotka voimme saada aikaan rukouksella.

Kohdassa 1. Moos. 18:16-33, kun Aabraham oli lopettanut esirukouksensa, asia oli loppuunkäsitelty. Hän palasi kotiin odottamaan päätöstä. Hän oli saavuttanut hengellisen rajan.

Esirukous

Väkivalta
Sanaa *paga* käytetään myös kohdissa Tuom. 8:21 ja 15:12, 1. Sam. 22:17-18, 2. Sam. 1:15, 1. Kun. 2:25, 29, 31, 32, 34 sekä 46 kuvaamaan väkivaltaista kohtausta – joista jotkut johtivat kuolemaan.

Sama sana kuvaa myös kohtaamistamme Jumalan kanssa rukouksessa. Se osoittaa, että esirukous ei ole leppoisaa ja hiljaista toimintaa – se vaatii uhrauksia ja usein hengellisesti rajua väliintuloa.

Jeremian kirjan jakeessa 7:16 *paga* esitetään vastakkaisena muille rukouksen muodoille. Jeremialle sanottiin, ettei hän saisi *palal* – rukoilla säännöllisesti – kansan puolesta. Häntä kiellettiin myös *rinnah* – huutamasta kovaan ääneen – heidän puolestaan. Sitten hänelle sanottiin, ettei hän saisi *tephillah* – esittää anomuksia tai laulaa ylistystä – heidän takiansa. Lopuksi asia saatettiin päätökseen antamalla Jeremialle käsky, ettei hän saanut *paga* heidän puolestaan. Hän ei saanut kamppailla rajusti Jumalan kanssa heidän puolestaan.

Jeremia 7:16 voidaan nähdä myös kuvauksena siitä, miten rukous yleensä etenee alemmilta ja yleisemmiltä tasoita korkeammalle, voimakkaammalle ja tehokkaammalle esirukouksen tasolle. Rukoukseen kuuluu säännöllinen tarpeiden esittäminen Jumalalle, joka johtaa ajoittain voimakkaaseen avunhuutoon Jumalalle ja kehittyy anomiseksi, johon sekoittuu ylistystä ja kiitosta, ja huipentuu rajuun väliintuloon Hengen alueella.

Kerjääminen
Sanaa *paga* käytetään Vanhassa testamentissa kuvaamaan pyytämisen voimakkainta muotoa. Se käännetään usein sanalla "anoa". Se tarkoittaa epätoivoisesti halutun asian kerjäämistä. 1. Mooseksen kirjan jakeessa 23:8 Aabraham pyysi Heetin poikia puhumaan Efronille (*paga*) luolasta. Ruutin kirjan jakeessa 1:16 Ruut puolestaan pyysi, ettei Naomi pakottaisi (*paga*) häntä lähtemään pois luotaan.

Toimiva rukous

Profeetat

Profeetat olivat Vanhassa testamentissa rukouksen ihmisiä ja esirukoilijoita, ja – Hengen voitelun ansiosta – heillä oli oikeus tulla Jumalan kasvojen eteen, mikä oli tässä tehtävässä välttämätöntä.

- 1. Moos. 20:7 on Raamatun ensimmäinen viittaus profeettaan ja paljastaa tämän yhteyden.
- Jeremia 27:18 esittää esirukouksen osana profeetan todellista tehtävää.
- 2. Moos. 18:19 kertoo Jetron ehdotuksesta, että Mooseksen tulisi asettaa esirukous etusijalle.
- 4. Moos. 27:5 osoittaa, että Mooses noudatti tätä neuvoa.
- Jesaja 59:16 antaa ymmärtää, että Jumalaa suretti esirukoilevien profeettojen puute.
- Joel 2:28–29 lupaa, että jonakin päivänä koko Jumalan kansa profetoi – ja pystyy siten myös esirukoilemaan.

Vanhan testamentin profeettojen täytyi saada joko sana Herralta tai Herran henki ennen kuin he pystyivät profetoimaan. He eivät uskaltaneet esittää profeetallista sanaa omasta aloitteestaan. Tämä piti paikkansa myös esirukouksen suhteen.

Jeremia 27:18 osoittaa, että niiden profeettojen, jotka olivat saaneet sanan Herralta, olisi pitänyt esirukoilla. Tämä osoittaa, että meidän ei pidä itse valita esirukouksen kohdetta tai ajankohtaa. Meidän pitäisi esirukoilla vain silloin, kun Jumala käskee, ja vain niiden asioiden puolesta, jotka hän osoittaa meille Sanansa tai Henkensä kautta.

Esirukous Uudessa testamentissa

Uudessa testamentissa kreikankielen sana *enteuxis* käännetään yleensä sanalla "esirukous". Tavallisessa elämässä se kuvasi anomusta kuninkaalle toisen henkilön puolesta, ja seurakunta

Esirukous

omaksui sen kuvaamaan Vanhassa testamentissa esiintyvää ajatusta *paga*-rukouksesta.

Enteuxis on hieman miedompi sana kuin *paga*. *Enteuxis* – tai siihen liittyvät verbimuodot, kuten *entugchano* – esiintyvät Uudessa testamentissa kahdeksan kertaa:

Hepr. 7:25 ja Room. 8:34 kuvaavat Kristuksen tehtävää esirukoilla aina pyhien puolesta – mikä täyttää Jesajan ennustuksen (Jes. 53:12). Näitä kohtia käsiteltiinkin jo osassa kaksi.

Room. 8:26–27 esittää Pyhän Hengen esirukoustehtävän Sakarjan kirjan profetian (Sak. 12:10) osittaisena täyttymisenä. Tätä kohtaa tutkittiin osassa kolme.

Apostolien tekojen kohdassa 25:24 sanaa *entugchano* käytetään sen tavallisessa merkityksessä. Festus totesi, että koko juutalaisten yhteisö vetosi häneen "protestoiden voimakkaasti". Esirukous ei ole välttämättä hiljaista, yksityistä ja hyvässä järjestyksessä tapahtuvaa toimintaa! Juutalaiset vetosivat kaikki yhtä aikaa Festukseen Paavalin kuolemantuomion puolesta. Tässä palataan Vanhassa testamentissa esiintyvään esirukouksen ja väkivallan väliseen yhteyteen. Ihmisten ei tarvitse aina rukoilla nätisti yksi kerrallaan ja sääntöjä noudattaen. Jumala kuulee kaikki rukoukset, vaikka rukoilisimme kaikki yhtä aikaa!

1. Tim. 4:5 vahvistaa Vanhassa testamentissa esiintyvän yhteyden Jumalan sanan ja esirukouksen välillä. Ruoka pyhitettiin Jumalan sanalla ja *enteuxis*-rukouksella. Jotkut kristityt olettavat, että heillä on velvollisuus rukoilla yleisesti koko maailman puolesta. Se ei pidä paikkaansa. Meidän tulee rajoittaa esirukouksemme niihin asioihin, jotka Jumala on erityisesti antanut meidän vastuullemme. Meillä ei ole yleistä esirukousvelvoitetta vaan vain erityinen velvollisuus rukoilla niiden asioiden puolesta, jotka Jumala laskee sydämellemme.

Esirukouksen tuloksena 1. Timoteuskirjeen jakeessa 4:5 oli täydellinen muutos. Kelvottomana pidetty ruoka muuttui pyhäksi – Jumalalle erotetuksi. Uskovien pyhityksen tulisi olla yksi esirukouksen tavoite. Meidän tulee omistautua

Toimiva rukous

esirukoukseen sen puolesta, että Jumalan kansa pyhitetään hyödylliseen palvelukseen.

1. Timoteuskirjeen jakeessa 2:1 Paavali puhuu neljästä rukouksen lajista: anomisesta (*deesis*), rukouksesta (*proseuche*), esirukouksesta (*enteuxis*) ja kiitosrukouksesta (*eucharistia*). Tätä kohtaa tutkittiin jo edellä osassa 2.

Roomalaiskirjeen jae 11:2 viittaa Elian esirukoukseen kohdassa 1. Kun. 19:10–18 – jossa valitettiin Israelin käytöksestä. Elia toivoi jotain tapahtuvan rukouksensa seurauksena, mutta sen sijaan hän sai ilmestyksen: Jumala ei aikonut tehdä mitään. Sen sijaan Elian piti itse tehdä jotakin.

Jumala vastaa usein odottamattomilla tavoilla. Pyydämme esirukouksessa Jumalaa tekemään jotakin, mutta hän vastaa käskemällä meitä tekemään itse jotakin. Siksi meidän pitää esirukouksessa kuunnella ja olla valmiita vastaanottamaan ohjeita Jumalalta. Näihin ohjeisiin kuuluu usein haastava ja uhrauksia vaativa kutsu muutokseen.

Esirukous nykyään

Esirukous on luonnollinen ilmaus elämästä, joka on tulvillaan rakkautta Jumalaan. Johanneksen evankeliumin jakeissa 13:34–35 Jeesus opetti, että meidän tulee rakastaa toisiamme samoin kuin hän rakasti meitä. Nykyään hän ilmaisee rakkautensa esirukoilemalla puolestamme. Jos siis tahdomme rakastaa samalla tavoin kuin hän, esirukouksen täytyy olla tärkeällä sijalla elämässämme.

Rakkauden osoitus

Esirukous ja rakkaus ovat erottamattomat. Siksi esirukouksenme taso heijastaa rakkautemme määrää. Me kaikki löydämme uutta intoa rukoilla ja lisää syvyyttä rukoukseen, kun lapsemme ovat sairaana tai vaikeuksissa. Miksi? Siksi, että rakastamme heitä.

Raamatun kohdissa Matteus 7:12, Luukas 10:25–28 ja 1. Joh. 4:7–21 meitä vaaditaan rakastamaan veljiämme ja sisariamme. Esirukous on usein paras ja hyödyllisin tapa ilmaista tätä

Esirukous

rakkautta. Käytännössä voimme auttaa vain rajattua määrää ihmisiä, mutta rukouksessa tällaista rajaa ei ole.
Tällä rakkaudesta nousevalla esirukouksella on sivuvaikutus. Kun rukoilemme toisten ihmisten muuttumista, me muutumme itsekin. Raamatun periaate "jos te annatte anteeksi muille, saatte itsekin anteeksi" pätee myös esirukoukseen. Täyttäessämme elämämme taivaallisella rakkaudella ja esirukouksella me puhdistumme ja uudistumme.
Kurinalainen esirukous johtaa väistämättä oman kielemme hallintaan. Kun esirukoilemme Jumalaa siunaamaan muita – täyttämään heidät tietoisuudella hänen rakkaudestaan ja vapauttamaan heidät vaikeista olosuhteista – heitä koskevat asenteemme ja toiveemme muuttuvat näiden ajatusten mukaisiksi.
Mikään ei saa meitä rakastamaan toista ihmistä niin kuin rukous hänen puolestaan. Alkaessamme esirukoilla jonkun henkilön puolesta on vaikea olla vihoissa hänen kanssaan. Esirukouksessa annamme Jumalan vähitellen liittää meitä yhteen rakkaudellaan, ei maallisen yhteensopivuuden avulla vaan välittämällä toisillemme hengellisiä siunauksia rukouksessa.

Samaistuminen toisen tarpeisiin
Meitä länsieurooppalaisia opetetaan luottamaan älyymme. Järjen käyttö ja asiatieto ovat nykyään niin korkealla arvojärjestyksessämme, että meidän on vaikeaa muodostaa tunnesiteitä muihin ihmisiin ja samastua heidän tarpeisiinsa. Mutta todellinen esirukous edellyttää aitoa samastumista – joka syntyy aidosta rakkaudesta. Itse asiassa esirukouksemme teho riippuu samastumisemme voimakkuudesta.

Samastuminen tarpeeseen
Todellinen hengellinen samastuminen ei nouse sielustamme tai tunteistamme – se tulee Pyhästä Hengestä. Samastuminen merkitsee joutumista osalliseksi toisen ihmisen ongelmiin, mitä useimmat meistä yleensä pyrkivät välttämään. Me emme

Toimiva rukous

halua tuntea toisten ihmisten taakkoja, mutta tästä ihmisille luontaisesta vastahakoisuudesta on päästävä eroon.

Tällä tavoin me teemme yhteistyötä Jumalan kanssa. Luovutamme henkemme sielumme ja ruumiimme hänen hallintaansa, jolloin esirukouksemme on Pyhän Hengen käytössä. Kun antaudumme näin Hengen käyttöön, alamme samastua yliluonnollisesti ja omaksua tunteita, jotka liittyvät esirukouksen aiheena olevaan tilanteeseen.

Samastuminen vaikeuksissa oleviin ihmisiin
Esirukous keskittyy muihin ihmisiin. Kun ajattelemme heitä aktiivisesti ja samastumme heidän tarpeisiinsa, alamme tuntea heidän kipunsa ja taakkansa. Oppiessamme rukoilemaan tämä samastuminen kasvaa ja syvenee – ja Pyhä Henki laskee usein päällemme taakan, josta alamme kantaa.

Herkkyys esirukouksen taakalle
Kun olemme samastuneet voimakkaasti tarpeeseen, meidän täytyy pitää kiinni siitä ja rukoilla annetun taakan puolesta. Emme ehkä ymmärrä tarvetta mielen tasolla, mutta samastuessamme vaikeuksissa oleviin ihmisiin me tunnemme usein tarpeen hengessämme ja tunnetasolla.

Kestävyys
Alkuperäisestä kehotuksesta esirukoukseen voi kulua hetki – tai monta kuukautta – ennen kuin pääsemme tehokkaan esirukouksen tasolle. Hengellisen kasvun myötä esirukous voi alkaa sujua helpommin. Mutta mukana on aina monia haasteita, koska esirukous on osa hengellistä sodankäyntiä.

Esirukous edellyttää kestävyyttä – rukousta on jatkettava, kunnes koemme Hengessä vapautuksen tai todisteen siitä, että tehtävä on "suoritettu loppuun". Joudumme usein kokemaan suurta tuskaa Hengessä, kunnes tapahtuu läpimurto. Esirukousta vaativa asia tulee harvoin ratkaistuksi täysin viidessä minuutissa, ja meidän on oltava valmiita kestävään rukoukseen – joka voi joskus jatkua vuosikausia. Meidän

Esirukous

tulee jatkaa rukousta asian puolesta, kunnes tunnemme "vapautuksen" ja taakka nostetaan harteiltamme – tähän liittyy yleensä ilon tunne sekä tarve kiittää ja ylistää.

Kun viemme rukouksen tälle tasolle, koemme usein vastustusta vihollisen taholta. Alkaessamme rukoilla voimme kokea olomme raskaaksi, ja läpimurtoon voidaan tarvita hengellistä sodankäyntiä. Tästä asiasta vielä lisää osassa seitsemän.

Taivaallinen paikka
On hyvä muistaa, että esirukous tapahtuu aina "taivaissa". Meidän täytyy esirukousta varten siirtyä taivaalliselle alueelle.

Me tiedämme, että Jeesus elää nyt taivaassa ja esirukoilee meidän puolestamme. Hänen aikansa maan päällä oli – ainakin osittain – valmistautumista tähän taivaalliseen esirukoustehtävään. Ef. 2:6 osoittaa kuitenkin, että me olemme jo osallisina taivaasta – joten voimme rukoilla ymmärtäen, että paikkamme on Isän oikealla puolella.

Jobin kirjassa Job todella tarvitsi jonkun asettumaan hänen ja Jumalan välille ja vetoamaan hänen asiansa puolesta taivaissa. Hänen ystävänsä eivät kuitenkaan esirukoilleet hänen puolestaan tai tukeneet häntä hänen kärsimyksissään. He päin vastoin syyttivät häntä ja olivat tuomiohenkisiä. Yksinäisyydessään Job kaipasi puolestapuhujaa tai välittäjää vetoamaan Jumalaan hänen puolestaan. Jobilla oli monia syyttäjiä, mutta niiden sijaan hän tarvitsi esirukoilijan.

Monet ovat nykyään Jobin asemassa. Heillä ei ole ketään, joka vetoaisi heidän asiansa puolesta, ja he ovat riippuvaisia seurakunnan esirukouksista puolestaan. Todelliset esirukoilijat aistivat herkästi tällaiset Jobin kaltaiset henkilöt, joilta puuttuu tällainen edustaja.

Esirukouksen vaiheet
Rukousaiheita on aina niin paljon, että emme usein tiedä mistä aloittaa. Tarvitsemme siihen ohjeita Jumalalta. Meidän tarvitsee kuulla Jumalalta, minkä asioiden puolesta hän haluaa

Toimiva rukous

meidän rukoilevan. Jonkinlainen samastuminen maailman tarpeisiin ei riitä. Meidän pitäisi myös kokea, että Jumala kutsuu meitä rukoilemaan tietyn asian puolesta tiettyyn aikaan. Rukouksen lähtökohtana on tosiaankin Jumalan suunnitelman hahmottaminen. Odota, kunnes ymmärrät Jumalan tahdon.

Meidän ei tarvitse nähdä kokonaiskuvaa alkaessamme rukoilla, sillä Henki ohjaa ja opastaa meitä rukouksen aikana. Mutta meillä tulee olla yleinen käsitys Jumalan tahdosta ohjaamaan rukoustamme oikeaan suuntaan.

Rukous ei ole omien ideoidemme esittelyä Jumalalle vaan pikemminkin mukautumista hänen tahtoonsa ja suunnitelmiinsa.

Daniel 9:1-20 osoittaa, kuinka Daniel sain Jumalalta ilmestyksen ennen rukousta. Hän ymmärsi Jeremian kirjan kohtien 25:11-12 ja 29:10 pohjalta, että pakkosiirtolaisuus kestäisi seitsemänkymmentä vuotta, ja siitä hän tiesi, että vapautus oli lähellä. Hän ei istunut odottamaan sen tapahtumista vaan tuntien Jumalan tahdon hän turvautui esirukoukseen – ja se sisälsi sekä henkilökohtaista että edustuksellista synnintunnustusta.

1. Kun. 17:1-18:46 ja Jaakob 5:17-18 paljastavat yhteyden esirukouksen ja profetian välillä. Elian monet profeetalliset julistukset Ahabille tarvitsivat tuekseen rukousta. Hän rukoili sekä ennen kuin puhui Ahabille – saadakseen varmuutta puhua – sekä puheen jälkeen – varmistaakseen, että hänen sanojensa tukena oli voittoisa rukous. Elia toimi Jumalan kanssa esirukouksen ja profetian keinoin. Ensin hän sai ilmestyksen ja sitten rukoili, kunnes se toteutui – siirtyi näkymättömästä näkyväiseen maailmaan.

Kaikki profeetalliset sanomat eivät toteudu automaattisesti. On meidän vastuullamme rukoilla, kunnes ne toteutuvat. Joskus profetian toteutuminen voidaan estää rukoilemalla ja tekemällä parannus.

Joonan kirjan jakeissa 3:1-10 paikkansa pitävä sanoma tuomiosta ei toteutunut, koska kansa teki parannuksen ja etsi Jumalaa. Naahumin kirjassa kuitenkin kerrotaan sata vuotta

Esirukous

myöhemmin, että Jumala hävitti Niiniven kansan, koska he palasivat takaisin pahuuteen.

Rukoileminen Jumalan Sanan mukaan
Raamattu on meidän rukouskirjamme. Se ilmoittaa Jumalan tahdon, joten rukoustemme täytyy olla yhtäpitäviä sen ilmoituksen kanssa. Usein Pyhä Henki "elävöittää" jonkun Raamatun jakeen tai kohdan ja ohjaa näin rukoustamme. Tätä Paavali luultavasti tarkoittaa Efesolaiskirjeen jakeessa 6:17: Henki tuo mieleemme jonkun raamatunkohdan, joka on Jumalan sana senhetkiseen tilanteeseen. Meidät kutsutaan sitten rukoilemaan tämän raamatunkohdan pohjalta tilanteen puolesta, kunnes se muuttuu Jumalan Sanassa esitetyn todellisuuden mukaiseksi.

Rukoillessamme Raamatun kirjoitusten mukaan meidän tulee varoa, ettemme irrota jaetta asiayhteydestään tai sovella omaa järkeämme ilman Pyhän Hengen ohjausta.

Jumalan Sanan mukaan rukoileminen ei ole vain sitä, että tulemme Jumalan eteen jonkun tarpeen kanssa ja etsimme tähän tarpeeseen "sopivan" raamatunkohdan. Jumala itse antaa meille tiettyjä jakeita käytettäväksi tietyissä tilanteissa. Meidän täytyy sinnikkäästi pyytää häneltä, että ymmärtäisimme hänen tahtonsa – ja odottaa, kunnes saamme vastauksen. Lukiessamme Raamattua Henki joskus kohdistaa huomiomme tiettyyn jakeeseen ja toisinaan hän odottamatta muistuttaa meitä jakeesta, jonka olemme lukeneet monta vuotta aikaisemmin.

Kun meillä on Raamatun jae tai teksti, jonka tiedämme olevan Jumalan tahdon mukainen, meidän ei pidä poiketa siitä. Nämä Jumalan antamat rukoustekstit ovat erityisen tärkeitä seurakunnille, koska niiden avulla kaikki jäsenet voivat yhtyä rukoukseen samalla tavoin tiettyjen tilanteiden puolesta.

Käytä Hengen antamia ilmestyksen lahjoja
Kaikki hengelliset "ilmestyksen lahjat" toimivat esirukouksessa. Nämä lahjat ovat arvokkaita työkaluja, jotka Pyhä Henki antaa

Toimiva rukous

käyttöömme, jotta pääsemme mukaan – ja pysymme mukana – hänen ohjauksessaan.

- Kielillä rukoileminen on hyödyllistä silloin, kun emme ymmärrä selvästi, miten rukoilla. Joskus saamme uuden ilmestyksen rukoillessamme kielillä, ja palatessamme tavalliseen rukoukseen ymmärrämme tilanteen paremmin.

- Kielten selittämisen lahja auttaa meitä ymmärtämään, mistä puhumme rukoillessamme kielillä.

- Profetian lahjan avulla saamme ilmestystietoa ja ohjausta rukoukseemme.

- Henkien erottamisen lahja auttaa meitä ymmärtämään, miten Pyhä Henki johtaa meitä esirukouksessa, sekä käsittämään, kuinka paholainen toimii tilanteessa, jonka puolesta rukoilemme.

- Tiedon sanojen avulla saamme meille erityistä ilmestystietoa esirukouksen kohteena olevasta tilanteesta.

- Viisauden sanat osoittavat meille, miten meidän tulee edetä esirukouksessa ja miten käyttää mahdollista ilmestystietoa. Meidän pitää kysyä Jumalalta, onko hän antanut tiedon meille rukousta varten vai kerrottavaksi muille. Me tarvitsemme Jumalalta luvan ilmestyksen jakamiseen muille.

Hengen antaminen ilmestyksen lahjojen lisäksi esirukoilijoiden tulisi olla avoimia myös hengellisille voimatekojen lahjoille, kuten ihmetekojen ja parantamisen armolahjoille. Jumala sallii usein esirukoilijoiden olla hänen yliluonnollisen ja ihmeellisen apunsa välittäjinä niissä tilanteissa, joiden puolesta he ovat rukoilleet.

Esirukous

Esirukouksen yleisiä piirteitä

Äänekäs rukous
Olemme jo todenneet, että Apostolien tekojen jakeessa 25:24 kuvattu luonnollinen *enteuxis* oli meluisaa. Hengen johdatuksessa koemme usein hyvin voimakkaita rukousjaksoja. Jumala ei kuitenkaan kuule meitä siksi, että rukoilemme kovalla äänellä tai jollakin muulla tavalla. Rukouksemme kuullaan vain siksi, että sydämemme tila on oikea ja uskomme Jeesukseen Kristukseen.

Meidän ei kuitenkaan pidä käyttää tätä verukkeena luontaiselle ujoudelle tai kulttuurisille estoille. Jotkut ihmiset eivät rukoile ääneen, koska he pelkäävät. Toiset taas huutavat usein rukoillessaan, koska se on kulttuurinen tapa tai heillä on siihen lihalliset syyt. Tällä alueella meidän kaikkien tulee tutkia sydäntämme, sillä vain sisäisellä motiivillamme on merkitystä.

Hiljainen rukous
Nehemia 2:4–5 on esimerkki hiljaisesta esirukouksesta. Voimme rukoilla ja huutaa Jumalaa koska tahansa, silloinkin kun olisi sopimatonta rukoilla ääneen. Meillä on pääsy Jumalan luokse oli sitten rukouksemme äänekäs tai hiljainen.

Rukous, palvonta ja kiitos
Ylistys ja palvonta ovat kumpikin tehokkaita apuja rukouksessa. Meidän on syytä huolehtia siitä, että jokaisen rukoushetken jälkeen kiitämme ja ylistämme Jumalaa siitä, mitä hän tekee.

Synnytystuskat rukouksessa
Kristuksen kuolema toi uskoville monia asioita, jotka syntyvät – eli ilmenevät fyysisessä maailmassa – esirukouksen kautta. Elämällään, kuolemallaan ja ylösnousemuksellaan Jeesus toi esiin uuden luomakunnan hengellisen todellisuuden: hän pelasti ihmiskunnan Saatanan vallasta; hän lepytti Jumalan vihan ja lunasti ihmiset synnin, sairauden ja kuoleman kahleista; hän huolehti henkisestä, ruumiillisesta ja tunne-

Toimiva rukous

elämämme eheydestä; hän antoi kaikille ihmisille esimerkin ihanteellisesta tavasta elää ja kuolla; ja hän synnytti uuden luomakunnan, joka pystyi toisintamaan jumalallista luontoa. Mutta se, miten pystymme käytännössä kokemaan ja nauttimaan näistä asioista, riippuu usein taakan kantamisesta ja kestävyydestä rukouksessa.

Roomalaiskirjeen jakeessa 8:22-23 Paavali kirjoittaa, kuinka luomakunta huokailee ja vaikeroi synnytystuskissa. Koko luomakunta odottaa ja kaipaa syvästi uutta luomakuntaa, joka on tulossa.

Ne, joilla on Hengen ensihedelmä, ovat saaneet esimakua uudesta luomakunnasta, ja niinpä me huokailemme rukouksessa – ikään kuin synnytystuskissa – ruumiimme lunastusta ja lapseksi ottamista.

Tässä viitataan 2. Mooseksen kirjan jakeisiin 2:23-25, joissa israelilaiset orjat huokasivat Jumalan puoleen ahdistuksessaan: he muistuttivat Jumalalle hänen liittonsa lupausten ja senhetkisen kokemuksensa välisestä erosta.

Me tiedämme, mitä olemme kokeneet Hengessä ja Hengen kautta. Me tiedämme, mitä Kristus sai aikaan kuolemallaan ja mitä Jumala on luvannut. Siksi me kannammekin rukouksessa taakkaa siitä, että nämä asiat tapahtuisivat – toteutuisivat omassa elämässämme ja seurakunnassa ympärillämme olevien ihmisten elämässä.

Me emme voi pakottaa tämäntyyppistä esirukousta. Se on syvempää kuin rukoukset omalla kielellämme. Se on jopa syvempää kuin esirukous kielillä. Se on taakan kantamista, jossa Pyhä Henki ottaa täyden vallan. Me voimme vain myötäillä hänen sisäisiä huokauksiaan. Se on voimakas tapa rukoilla.

Rukous ja paasto
Tätä tutkitaan tarkemmin osassa yhdeksän, mutta on tärkeää huomata, että paasto on tärkeä rukouksen apuväline. Se antaa voimaa rukouksiimme. Markus 9:29 osoittaa, että on joitakin tilanteita, jotka eivät korjaannu ilman pitkää rukousta ja

Esirukous

paastoa. Jotkut ovat esittäneet, että Markuksen evankeliumin jakeessa 9:29 olevien sanojen "ja paastolla" puuttuminen joistakin vanhimmista käsikirjoituksista osoittaisi, että paasto ei ole tärkeä osa Jeesuksen opetusta rukouksesta. Vaikka myöntäisimmekin, että sanat on lisätty tekstiin myöhemmin, ne kuvaavat kuitenkin tarkasti alkuseurakunnan käytäntöä, joten niitä voidaan pitää alkuperäiseen opetukseen kuuluvina. Esimerkiksi Apt. 10:30, 13:2-3, 14:23 sekä 1. Kor. 7:5 tosiaankin osoittavat, että paasto oli olennainen osa alkuseurakunnan elämää.

Lopputulos
Voimavaikutukset ovat esirukouksen hedelmä. Me rukoilemme saadaksemme tuloksia. Me tähtäämme sataprosenttisesti rukousvastaukseen. Meidän tulee jatkaa rukousta, kunnes tunnemme hengessämme vapautuksen. Jos Jumala kutsuu meitä jatkamaan kestävinä rukouksessa, emme saa lopettaa liian aikaisin!

Jos olemme saaneet aiheen Jumalalta ja käsitelleet asian loppuun rukouksessa, meidän tulisi odottaa rukouksemme vaikutusta. Meidän tulee mitoittaa rukouksemme realistisesti ja odottaa näkevämme niiden tuloksia. Esirukoilijat eivät kuitenkaan aina itse näe kaikkia rukouksen tuloksia. Rukouksessa on kysymys pikemminkin "kylvämisestä" kuin "niittämisestä". Useimmat meistä näkevät kaikki rukoustemme hedelmät vasta taivaassa.

Usein esirukouksiimme kuitenkin vastataan näkyvällä tavalla – tästä esimerkkeinä Markus 9:28-29 sekä 1. Kun. 18:41-46.

Esirukous muiden kanssa
On tärkeää rukoilla muiden kanssa, jotta seurakunnan yhteisöllinen voima ja vahvuus vapautuu. Se varmistaa myös, että pidämme itsemme kurissa – säilyttäen oikean suunnan ja painopisteen sen sijaan, että lähtisimme harhailemaan.

Toimiva rukous

Sopimuksen laki

Matteuksen evankeliumin jakeissa 18:18-20 Jeesus viittaa 5. Mooseksen kirjan kohdassa 19:15 esitettyyn periaatteeseen, että jokainen asia on vahvistettava kahden tai kolmen todistajan nojalla. Tämä periaate toistuu myös 2. Korinttilaiskirjeen jakeessa 13:1.

Sopimusrukous tarkoittaa sitä, että kokoonnumme yksimielisinä etsimään Jumalan tahtoa jossakin tilanteessa. Rukoillessamme yhdessä – Jumalan tahdon mukaisesti – hän moninkertaistaa rukouksemme tehon.

Matteus 18:18 käyttää epätavallista "futuurin perfektin passiivin partisiippimuotoa", joka voidaan kääntää parhaiten muodossa "kaikki, minkä sidotte maan päällä, on oleva sidottu taivaassa, ja kaikki, minkä te vapautatte maan päällä, on oleva vapautettu taivaassa".

Tämä tarkoittaa, että me voimme rukoilla vain sellaisten asioiden ilmentymistä maan päällä, jotka on jo suunniteltu ja sovittu Jumalan persoonien kesken taivaassa. Tällainen on rukoussopimus. Ensin me löydämme asiat, jotka on kaavailtu ja toteutettu Jumalan suunnitelmissa, ja sitten me rukoilemme, että ne "tapahtuisivat myös maan päällä niin kuin taivaassa", kuten Jeesus opetti meitä tekemään Matteuksen evankeliumin jakeessa 6:10.

Avunantajan tehtävä

Esirukoilijan tehtäviin kuuluu myös johtajien tukeminen – kuten esimerkiksi Aaron ja Hur auttoivat Moosesta pitämällä hänen käsiään ylhäällä 2. Mooseksen kirjan kohdassa 17:12.

Meillä on esirukoilijoina erityinen vastuu tuoda johtajiamme Jumalan eteen sekä rukoilla ja käydä hengellistä sotaa heidän puolestaan. Rukoillessamme johtajiemme puolesta meidän tulee tukea heitä heidän tehtävässään. Kun esimerkiksi Aaron ja Hur pitivät Mooseksen käsiä ylhäällä, he tukivat hänen kutsumustaan ja auktoriteettiaan.

Vaikka hengellisiä johtajia täytyy tukea voimakkaasti rukouksin, heidän on itsekin varottava lyömästä laimin omaa

Esirukous

kutsumustaan ja rukousvastuutaan. Johtajan tulee olla rukouksen ihminen ja ottaa johtajan rooli myös rukouksessa. Johtajien pitää tietää, että he eivät voi siirtää rukoustehtäväänsä toisille. Heidän täytyy olla esimerkillisiä rukoilijoita.

Meidän on varmistettava, että käsittelemme Hengen meille antamaa ilmestystietoa ja oivalluksia varoen. Valitettavasti monet seurakunnat ovat jakautuneet sen takia, että "pirstaloituneet" rukousryhmät – jotka ovat saattaneet alunperin kokoontua rukoilemaan johtajien puolesta – ovat päätyneet väärinkäyttämään Jumalan heille antamaa ilmestystietoa. He eivät ole ymmärtäneet palvelijan tehtäväänsä ja ovat kaapanneet johtajiensa vallan antamalla heille toimintaohjeita ja käyttämällä manipuloivaa taktiikkaa.

Meidän on syytä varmistaa, että kaikessa esirukouksessamme tuemme ja palvelemme meihin nähden johtoasemassa olevia ihmisiä.

Koko ruumis
Apt. 12:5-7 havainnollistaa Kristuksen ruumiissa olevaa voimaa. Kun Kristuksen ruumis kokoontuu rukoilemaan, sen yhtenäisyydestä kumpuava voima moninkertaistuu.

Esirukous ei ole vain harvojen kutsumus tai lahja vaan koko ruumiin perustarve. Vaikka profeetat olivat Vanhassa testamentissa erityisiä esirukoilijoita, on väärin olettaa, että esirukous olisi nykyäänkin joidenkin erityistehtävä.

Helluntaista lähtien kaikki uskovat on kutsuttu esirukoilemaan. Missään päin Uutta testamenttia ei mainita erityistä rukouksen lahjaa tai tehtävää – se on kaikkien tehtävä! Jos olemme Kristuksen ruumiin jäseniä, meidät on kutsuttu esirukoilijoiksi.

Osa 5

Kiitosrukous

Kristillisen rukouksen ei pitäisi koskaan olla vain pyyntöjen luettelemista. Jumalamme on toki hyvä Isä, joka antaa lapsilleen mielellään hyviä lahjoja, mutta Raamattu opettaa meille myös, että rukouksen kuuluu Jumalan kiittäminen hänen anteliaasta huolenpidostaan.

Esimerkiksi Filippiläiskirjeen jakeessa 4:6 todetaan, että rukoukset tulisi esittää kiitoksen kanssa. Efesolaiskirjeen jakeissa 5:19-20 osoitetaan myös, että yhteisessä jumalanpalveluksessa pitäisi aina "kiittää Jumalaa, Isää meidän Herramme Jeesuksen Kristuksen nimessä".

Yadah
Heprean kielen tärkein kiitosta kuvaava verbi on *yadah* – joka tarkoittaa sananmukaisesti "ojentaa kätensä". Sanan *yadah* kaksoismerkitys liittyy sekä läheiseen kosketukseen että toimintaan. Myös englanninkielen kiitosta kuvaava sana "thanksgiving" on kaksiosainen, ja sen ensimmäinen osa kuvaa kiitosta ja jälkimmäinen toimintaa.

Kun nykyään kiitämme jotakin henkilöä, me sanomme "kiitos" ja ojennamme myös kätemme ja ehkä annamme hänelle pienen lahjan kiitollisuuden osoituksena. Tämä on todellista *yadah*-kiitosta.

Seuraavassa on joitakin Vanhan testamentin jakeita, jotka kuvaavat Jumalalle esitettyä kiitosta. Tutkiessamme näitä jakeita alamme vähitellen hahmottaa, miten, milloin ja miksi Jumalan kansa kiitti Jumalaa: 2. Sam. 22:50, 1. Aik. 16:4-41, 2. Aik. 31:2, sekä Psalmit 6:5, 18:49, 30:4, 30:12, 35:18, 75:1, 79:13, 92:1, 97:12, 105:1, 106:1, 106:47, 119:62, 136:1-3 ja 140:13.

Toimiva rukous

Towdah

Vaikka Nehemian kirjan jakeissa 11:17 sekä 12:46 käytetään verbiä *yadah*, *towdah* on hepreankielen yleisin kiitosta ilmaiseva nimisana. Kuten *yadah*, sekin kuvaa sekä puhetta että toimintaa, mutta sanaan *towdah* liittyy myös muodollinen elementti.

Voimme esittää *yadah*-kiitoksen Jumalalle missä tahansa, mutta *towdah* esitetään järjestetyssä yhteisessä jumalanpalveluksessa.

Vanhan testamentin kiitosrukouksesta voimme lukea myös kohdista 3. Moos. 7:12, Nehemia 12:27–40, Psalmi 26:7, 50:14, 69:30, 95:2, 100:4, 147:7, Jesaja 51:3 sekä Jeremia 30:19.

Eucharisteo

Verbi *eucharisteo* ja nimisana *eucharistia* ovat yleisimpiä Uuden testamentin kreikan kiitosta ja kiitosrukousta tarkoittavia sanoja. Nämä sanat koostuvat hyvää tarkoittavasta liitteestä *eu* sekä *charizomai*, jonka perusmerkitys on "antaa ilmaiseksi".

Sanan *eucharisteo* kantasana on kreikankielen sana *charis*, joka käännetään yleensä sanalla "armo". Niinpä Uuden testamentin kiitosta ja kiitosrukousta kuvaavat sanat liittyvät hyviin ja armollisiin lahjoihin, jotka annetaan ilmaiseksi.

Tätä korostetaan myös 2. Korinttilaiskirjeen jakeessa 4:15, joka osoittaa, että armo saa aikaan kiitosrukousta ja se puolestaan tuo esiin Jumalan kunniaa. 2. Korinttilaiskirjeen jakeissa 9:11-12 puolestaan osoitetaan, että antaminen saa aikaan kiitosta.

Itse asiassa *charis*-sanaa käytetään kreikankielessä myös sellaisenaan kuvaamaan kiitosta, kuten kohdissa Room. 6:17, 1. Kor. 15:57, 2. Kor. 2:14, 8:16, 9:15, 1. Tim. 1:12, 2. Tim. 1:3 sekä 1. Piet. 2:19. Tästä voidaan päätellä, että kiitosrukouksen tulisi olla keskeistä niille ihmisille ja seurakunnille, jotka kutsuvat itseään karismaattisiksi.

Muutamat Uuden testamentin esimerkit rukouksesta tapahtuvat ennen ateriaa tai viimeistä ehtoollista. Tästä tulee myös ruokarukousta kuvaava englanninkielen sana

Kiitosrukous

"grace" (*charis*), ja se selittää myös, miksi monissa kristillisissä perinteissä pyhää ehtoollista kutsutaan nimellä "eukaristia".

- Ruokarukouksiin viitataan kohdissa Matteus 15:36, Markus 8:6, Joh. 6:11 ja 23 sekä Room. 14:6.
- Kiitosrukous viimeisellä ehtoollisella on kuvattu kohdissa Matteus 26:27, Markus 14:23, Luukas 22:17-19 sekä 1. Kor. 11:24.
- Yleiset kiitosrukoukset Jumalalle mainitaan kohdissa Luukas 17:16, Joh. 11:41, Apt. 24:3, 27:35 ja 28:15, Room. 1:8, 7:25, 16:4, 1. Kor. 1:4, 14:18, 2. Kor. 4:15, 9:11-12, Ef. 1:16, 5:20, Fil. 1:3, Kol. 1:3, 1. Tess. 1:2, 2:13, 3:9, 5:18, 2. Tess. 1:3, 2:13, 1. Tim. 2:1, 4:3-4 sekä Ilm. 4:9 ja 7:12.

Kiitos ja ylistys
Sellaiset kohdat kuin 1. Aik. 23:30, 25:3, 29:13, Esra 3:11, Nehemia 12:24 ja 46 sekä Psalmi 100:4 osoittavat selvästi ylityksen ja kiitosrukouksen läheisen yhteyden.

Kiitosrukous on ensisijaisesti Jumalalle osoitettu rukous, jossa häntä kiitetään siitä, mitä hän on tehnyt. Ylistys on pääasiassa Jumalan ylistystä ja kiittämistä, joka osoitetaan muille ihmisille tai johon muut ihmiset yhtyvät silloin, kun se osoitetaan Jumalalle.

Kiitosrukouksessa kiitetään Jumalaa hänen teoistaan. Ylistyksessä kirkastetaan, kiitetään ja ylistetään Jumalan tekoja ja ominaisuuksia. Kiittäessämme Jumalaa puhumme suoraan hänelle - kuin puristaisimme hänen kättään kiitollisuuden osoituksena. Mutta Jumalan ylistämisessä ovat yleensä myös muut ihmiset osallisena: me joko kerromme heille, kuinka ihmeellinen Jumala on, tai he kuuntelevat ja yhtyvät kiitokseemme, kun kerromme Jumalalle, kuinka ihmeellinen hän on.

Psalmissa 100:4 on selvä järjestys. Me tulemme yksilöinä hänen porteillensa kiittäen mutta sen jälkeen yhdessä hänen esipihoilleen laulaen ylistystä.

Toimiva rukous

Elämässämme täytyy siis olla kiitosta ja ylistystä.

Vanhassa testamentissa on lähinnä kolme hepreankielen sanaa, jotka käännetään yleensä sanalla "ylistys":

Halal liittyy kovaääniseen ilonhuutoon, hurraamiseen ja huutoon. Sitä käytetään yleisesti – seuraavassa on vain muutamia esimerkkejä kohdista, joissa se esiintyy: 1. Aik. 16:4, 23:5, 2. Aik. 5:13, 20:19, Esra 3:11, Nehemia 5:13, Psalmit 22:22, 35:18, 69:30, 34, 74:21, 84:4, 107:32, 145:2, 146:2, 148:5, 149:3 sekä Jesaja 62:9, 64:11 ja Joel 2:26.

Ilmaus halleluja – "ylistys Jumalalle" – esiintyy Psalmien 106, 111–113, 135 ja 146–149 alussa sekä Psalmien 104–106, 113, 115–117, 135 ja 146–150 lopussa.

Yadah merkitsee kirjaimellisesti "heittää" (kuten kohdassa Valit. 3:53), mutta se käännetään ylistykseksi, kun kehon liikkeitä ja eleitä – kuten taputtamista, tanssia ja käsien kohottamista – käytetään Jumalan kunnioittamiseen. Sitä käytetään usein kuvaamaan tapaa, jolla Jumalan kansa ylistää häntä, esimerkkeinä 1. Moos. 29:35, 2. Aik. 7:3, 20:21–22, Psalmi 7:17, 28:7, 45:17, 54:6, 67:3, 86:12, 99:3, 108:3, 111:1, 138:1, 142:7, Jesaja 12:4, 25:1, 38:19 sekä Jeremia 33:11.

Zamar viittaa laulamiseen ja musiikin esittämiseen. Sitä käytetään 57 Psalmin otsikossa kuvaamaan kielisoittimen säestyksellä laulettua laulua. Sitä käytetään myös kaikkialla Psalmeissa kuvaamaan laulettua ylistystä, kuten jakeissa 7:17, 18:49, 27:6, 47:6, 57:7, 61:8, 75:9, 98:4, 104:33, 108:1,3, 135:3 sekä 147:7. Verbiä *zamar* käytetään neljä kertaa muualla kuin Psalmeissa – kohdissa Tuom. 5:3, 2. Sam. 22:50, 1. Aik. 16:9 sekä Jesaja 12:5.

Uuden testamentin kreikassa on lähinnä neljä sanaa, jotka on käännetty sanalla "ylistys":

Aineo tarkoittaa "osoittaa kunnioitusta" tai "vannoa". Antiikin kreikassa nimisana *ainos* saattoi myös tarkoittaa "tarinan kertomista". Sitä käytetään Jumalan ylistämisestä kohdissa Luukas 2:13, 20, 19:37, Apt. 2:47 ja 3:8–9, Room. 15:11 ja Ilm. 19:5.

Kiitosrukous

Epaineo (sekä nimisana *epainos*) on *aineo*-verbin vahvempi muoto ja tarkoittaa "esittää kiitos". Sillä kuvataan Jumalan ylistämistä kohdissa 1. Kor. 11:2,17 ja 22, Ef. 1:6,12,14, Fil. 1:11 sekä 1. Piet. 1:7.

Humneo tarkoittaa "laulaa ylistystä jostakin tai jollekin". Siitä tulee myös sana "hymni", joka merkitsee sananmukaisesti laulettua ylistystä. Verbiä *humneo* käytetään kohdissa Apt. 16:25 ja Hepr. 2:12. Sitä käytetään myös kohdissa Matteus 26:30 ja Markus 14:26 kuvaamaan Psalmien 113-118 laulamista viimeisellä ehtoollisella. Juutalaiset käyttivät näistä psalmeista nimeä "Hallel-psalmit".

Raamatun yleisiä käsityksiä
Seuraavassa on kuusi Raamatun ajatusta ylistyksestä:

◆ Jumala iloitsee luomakunnastaan, ja koko luomakunta – enkelit mukaan lukien – ilmaisee ilonsa ylistyksessä – ks. 1. Moos. 1, Psalmi 104:31, Sananlaskut 8:30-31, Job 38: 4-7 ja Ilmestyskirja 4:6-11

◆ Ihmiskunta luotiin iloitsemaan Jumalan teoista, ja me toteutamme tämän tehtävän ottamalla vastaan Jumalan lahjat – ks. esim. Psalmi 40:14-16, Saarnaaja 8:15, 9:7 ja 11:9 sekä Fil. 4:4 ja 8

◆ Jumalan valtakunnan tulemista leimaa ilon ja ylistyksen palautuminen – ks. Jesaja 9:2, Psalmi 96:11-13 ja Luukas 2:13-14.

◆ Jumalaa ylistetään sekä lunastuksesta että luomisesta. Jopa taivaassa ikuisessa Jumalan ylistyksessä kiitetään näistä lahjoista – ks. 2. Moos. 15:1-21, Psalmit 24 ja 136 sekä Ilmestyskirja 4:11 ja 5:9-10.

◆ Ylistys on velvollisuus eikä sen pitäisi riippua tunteistamme tai olosuhteistamme – ks. 5. Moos. 12:7, 16:11-12 sekä Job 1:21.

◆ Vaikka Raamatussa mainitaan myös henkilökohtainen ylistys, yhteisölliselle ylistykselle annetaan paljon

Toimiva rukous

suurempi painoarvo. Useimmat kuvaukset ylistyksestä ja kehotuksesta ylistykseen ovat yhteisöllisiä – ks. Psalmit 22:25, 34:3, 35:18 ja 149:1.

Kiitosrukous ja uhraus

Vaikka kohdissa Jeremia 17:26 ja 33:11 sekä Hepr. 13:15 puhutaan ylistyksen uhraamisesta, kiitosrukousta pidetään uhraamisena paljon useammin. Tämä saattaa viitata siihen, että ylistys sujuu uskovilta luonnostaan, mutta kiitosrukous on vaativampaa.

Seuraavassa on joitakin kohtia, jotka osoittavat kiitosrukouksen ja uhraamisen välisen yhteyden Raamatussa. Ne osoittavat, että uhraaminen oli keino osoittaa kiitollisuutta: 3. Moos. 7:12–15, 22:29, 2. Aik. 29:31 ja 33:16, Psalmit 107:22 ja 116:17, Aamos 4:5 sekä Joona 2:9.

Juutalaiset uhrasivat kiittääkseen Jumalaa useissa eri tilanteissa. Raamatussa ei ole niistä kattavaa listaa vaan vain joitakin esimerkkejä, mutta on selvää, että kiitosrukous oli näissä tilanteissa keskeisellä sijalla:

- 4. Moos. 6:13–20 – kun mies oli vapautunut valasta
- 3. Moos. 12 – kun nainen oli synnyttänyt
- 3. Moos. 14 – kun spitaalinen oli parantunut
- 3. Moos. 8 ja 4. Moos. 8 – pappien ja leeviläisten vihkimisessä
- 1. Kun. 1:9–12 – kuninkaan kruunajaisissa
- 1. Kun. 8:1–13 – pyhien rakennusten vihkimisessä.

Jumalalle kelpasi vain paras. 2. Moos. 10:24–26 osoittaa selvästi, että uhrien piti tehdä lovi palvojan varallisuuteen – jotta uhrilla olisi ollut merkitystä, se vaati todellista kieltäymystä. Kohdasta käy myös ilmi, että palvojat halusivat miellyttää Jumalaa ja antoivat siksi hänen ohjata uhrejaan.

Juutalaiset eivät voineet uhrata Jumalalle mitään laittomasti hankittua tai viallista. Sekä köyhien, että rikkaiden piti uhrata

Kiitosrukous

hänelle parastaan. He eivät voineet pidättää parasta itsellään ja uhrata Jumalalle "kiitokseksi" tähteitä.

3. Moos. 1-7 luettelee juutalaisten viisi tärkeintä uhria:

◆ Polttouhri eli kokonaan poltettu uhri

◆ Ruokauhri eli viljauhri

◆ Yhteysuhri eli "rauhan uhri"

◆ Syntiuhri

◆ Sovitusuhri syyllisyyden takia.

Kahta näistä uhreista käytettiin erityisesti kiitosrukouksen yhteydessä - polttouhria ja yhteysuhria. Kumpikin auttoi juutalaisia ilmaisemaan tunteensa luojalleen eli Jumalalle kuuluvina olentoina.

Polttouhri
"Kokonaan poltetussa" polttouhrissa kaikki uhrin osat (paitsi nahka) poltettiin lahjana Jumalalle: kaikki uhrattiin hänelle. Tällä tavoin palvoja omisti Jumalalle kaiken sen mitä hänellä oli tai mitä hän oli - ja Jumala hyväksyi sen.

Tämä ajatus esitetään 1. Aikakirjan jakeissa 29:13-14:

> Nyt me kiitämme sinua, Jumalamme, ja ylistämme nimesi kunniaa. Sillä mikä olen minä, tai mikä on minun kansani? Kuinka me itse pystyisimme antamaan tällaisia lahjoja? Sinulta me olemme kaiken saaneet, sinulta on tullut kaikki, minkä sinulle annamme.

Yhteysuhri
Yhteysuhrissa osa uhria poltettiin lahjana Jumalalle, ja papit ja kansa söivät osan. Tämä "yhdessä syöminen" korosti luotujen ihmisten ja heidän Luojansa elintärkeää suhdetta.

Jotkut hengelliset johtajat pitävät tätä esikuvana seurakunnan "yhteysuhrille" eli ehtoolliselle. Edellä todettiin, että "kiitosrukous" oli keskeisellä sijalla viimeisellä ehtoollisella, ja tämän ajatuksen ovat omaksuneet ne seurakunnat,

Toimiva rukous

joissa ehtoollista kutsutaan "eukaristiksi". Koska tässä jumalanpalveluksessa kiitetään Kristuksen uhrikuolemasta ja hänen lupauksestaan tulla takaisin, kiitoksen pitäisi ehkä olla siinä vielä selvemmin esillä.

Kiitosrukouksen ja uhrin yhteys on elintärkeä. Kun Jumalan kansa halusi kiittää Luojaansa ja Lunastajaansa, he eivät kiittäneet häntä vain sanoin vaan myös uhraamalla hänelle parasta, mitä heillä oli. Siksi Raamatussa puhutaan kiitoksen antamisesta eikä kiitoksen lausumisesta. Tästä meillä on paljon opittavaa.

Kiitosrukous ja antaminen
Juutalaiset antoivat kolmella tavalla – uhreina, kymmenyksinä ja vapaaehtoisina uhreina. Kaikki lahjat annettiin Jumalalle ja kiittäminen oli niiden tärkein motiivi.

Kymmenykset
Juutalaiset antoivat Jumalalle kymmenykset (yhden kymmenesosan vuosituloistaan) ja niillä huolehdittiin hengellisten johtajien ja köyhien toimeentulosta. Juutalaiset antoivat kymmenykset mielellään. Kahtena vuotena kolmesta ihmiset matkustivat Jerusalemiin ja toivat leeviläisille kymmenyksensä – kiitoksen kanssa. Heidän lahjoittamansa kymmenykset olivat keino ilmaista Jumalalle kiitollisuutta hänen aineellisesta huolenpidostaan viljasadon muodossa sekä hänen hengellisestä huolenpidostaan pappien ja leeviläisten palvelutehtävän kautta.

Kolmantena vuonna kymmenyksiä ei viety Jerusalemiin. Ne varastoitiin paikallisesti ja käytettiin alueen köyhien ja mahdollisten muukalaisten toimeentulosta huolehtimiseen. Raamatun opetuksia kymmenyksistä on kohdissa 3. Moos. 27:30–32, 4. Moos. 18:21–32, 5. Moos. 14:29 sekä Malakia 3:2–12.

Kiitosrukous

Uhrit ja vapaaehtoiset uhrilahjat
Juutalaiset antoivat uhreja ja vapaaehtoisia uhrilahjoja Jumalalle tulojensa jäljelle jääneestä yhdeksästä kymmenesosasta. Joillakin uhreilla ilmaistiin kiitollisuutta Jumalan hyvyydestä ja toisilla anottiin Jumalan anteeksiantoa. Ihmiset esittivät kiitoksensä Jumalalle sekä sanallisella rukouksella että polttouhreilla ja yhteysuhreilla.

Vapaaehtoisia uhrilahjoja käytettiin erityisten hankkeiden osana: ne olivat erityisiä tilapäisiä kiitosuhreja, joita ihmiset antoivat ilmaistakseen kiitollisuuttaan Jumalan hyvyydestä.

2. Mooseksen kirjan jakeissa 25:1–4 esitetään Jumalan ohjeet pyhäkön rakentamiseen tarvittavien materiaalien keräämisestä ja 2. Mooseksen kirjan kohdissa 35:1–29 ja 36:2–7 kuvataan tämän uhrilahjan antamista tarkemmin:

◆ Se oli vapaaehtoinen – 35:5

◆ Se oli erityinen – 35:9

◆ Sillä oli tietty tarkoitus – 35:11–19

◆ Se oli Jumalan innoittama – 35:21–22

◆ Se lopetettiin, kun oli kerätty tarpeeksi – 36:3–7.

Tekstistä käy selvästi ilmi, että ihmiset antoivat mielellään, anteliaasti ja innokkaasti, koska asia kosketti heidän sydäntään ja mieltään.

Samanlainen asenne näkyy 1. Aikakirjan luvuissa 28–29, jossa Daavid pyysi kansaa lahjoittamaan ensimmäisen temppelin rakentamista varten. Samoin se näkyy kohdissa Esra 1:2–6, 2:68–69, 3:5 ja 7:16 sekä Nehemia 7:70–72, kun kiitosuhreja annettiin toisen temppelin rakentamiseksi.

1. Aikakirjan luku 29 on yksi Raamatun hienoimmista kiitosuhria käsittelevistä kohdista, ja se osoittaa selvän raamatullisen yhteyden rukouksen, ylistyksen, kiitosrukouksen, uhrin ja antamisen välillä.

Jotkut saattavat ihmetellä, miten keräys rakennusta varten voi mahdollisesti liittyä rukoukseen. Raamatussa kiitosuhreja kuitenkin kerättiin rukouspaikkoja varten, ja niiden innoittaja

Toimiva rukous

oli kiitollisuus kaikesta siitä, mitä Jumala oli tehnyt – yksilöille, perheille ja koko kansalle. Sanallinen kiitos ei riittänyt, käden täytyi myös ojentua antamaan lahja.

Rukous ei ole aina pelkkää hiljaista puhetta. Siihen voi kuulua kamppailu Jumalan kanssa, hikoilu ja tuskan tunteminen Jumalan edessä. Se voi vaatia sinnikkyyttä – rukouksen jatkamista aina vain. Se voi vaatia paastoa – rukoilija pidättäytyy ruoasta osoittaakseen vilpittömyyttään ja varatakseen enemmän aikaa rukoukselle. Siihen voi myös liittyä antamista – kiitosuhreja, jotka osoittavat kiitollisuutemme erittäin käytännöllisellä tavalla.

Kiitosrukous ja Paavali
Kiitoksella on hyvin tärkeä merkitys Paavalin kirjoituksissa. On sanottu, että Paavali mainitsee kirjeissään kiitoksen useammin kuin kukaan muu kristillinen tai maallinen kreikankielinen kirjoittaja. Paavalin kirjeissä on tosiaankin monta esimerkkiä siitä, miten hän kiittää Jumalaa ja opastaa myös lukijoitaan kiittämään häntä.

Paavalin kiitosrukoukset
Nämä rukoukset eivät tietenkään ole kattava luettelo Paavalin kiitosrukouksista. On kuitenkin valaisevaa, että yksi aihe esiintyy hänen kirjoituksissaan melkein yhtä usein kuin kaikki muut aiheet yhteensä. Paavali kiitti Jumalaa:

Muista uskovista
Monet Paavalin kirjeistä alkavat sillä, että hän kiittää Jumalaa niiden ihmisten uskosta, joille hän kirjoittaa. Esimerkkeinä tästä ovat Room. 1:8, 1. Kor. 1:4, Fil. 1:3, Kol. 1:3, 1 Tess. 1:2, 2 Tess. 1:3 ja Filem. 4. Tämä Paavalin kiitos ei ole vain muodollinen tervehdys, sillä sen puuttuminen Galatalaiskirjeen alusta vaikuttaa harkitulta.

Paavali kiittää Jumalaa muista uskovista myös kohdissa 2. Kor. 8:16, Ef. 1:16, 1 Tess. 2:13, 3:9 ja 2. Tim. 1:3.

Kiitosrukous

Monissa näistä kiitosrukouksista Paavali käyttää sellaisia sanoja kuin "aina" ja "lakkaamatta", jotka osoittavat, kuinka tärkeänä hän pitää kiitosta Jumalalle muista uskovista ja hengellisistä johtajista – joista monia hän ei tuntenut henkilökohtaisesti. On tärkeää huomata, että tämä jatkuvuus ja kiireellisyyden tuntu puuttuu hänen muista kiitosrukouksistaan.

Ruoasta
Kuten kaikkialla muuallakin Raamatussa, Paavalin kirjeissä korostetaan, miten tärkeää on kiittää Jumalaa ruoasta: esimerkkeinä Room. 14:6, 1. Kor. 10:30 ja 11:24 sekä 1. Tim. 4:3–4.

Jeesuksesta
Room. 7:25 ja 2. Kor. 9:15

Omasta palvelutehtävästään
1. Kor. 1:14 ja 1. Tim. 1:12

Voitosta
1. Kor. 15:57 ja 2. Kor. 2:14

Hengellisistä lahjoista
1. Kor. 14:16–18

Paavalin ohjeet kiittämisestä
Paavali rukoili lukijoidensa puolesta ja kehotti heitä yhä uudestaan tekemään kiitosrukouksesta jatkuvaa toimintaa – sekä sanoissa että teoissa.

On mahdotonta lukea näitä jakeita päättelemättä, että kiitoksen tulisi olla hyvin keskeisellä sijalla yksityisissä ja julkisissa rukouksissamme – ks. esim. Ef. 5:4, 20, Fil. 4:6, Kol. 1:12, 2:7, 3:15–17, 4:2 sekä 1. Tess. 5:18 ja 1. Tim. 2:1.

Toimiva rukous

Paavali odottaa meidän "kiittävän aina kaikista asioista". Hän tekee selväksi, että Jumala tahtoo meidän kiittävän kaikesta. Hän toteaa, että rukouksessa meidän tulee esittää pyyntömme kiitoksen saattelemana. Paavalin mukaan kiittämisen tulisi olla yksi aidosti uskovien kristittyjen tunnusmerkki.

Osa 6

Paavalin rukoukset

Vastakääntynyt Saulus esitellään meille Apostolien tekojen jakeessa 9:11 rukouksen ihmisenä. Muualtakin Apostolien teoista ja Paavalin kirjeistä käy ilmi, että rukous oli hänen ainutlaatuisen palvelutehtävänsä perustus.

Paavali ehdotti kirjeissään useaan otteeseen, että hänen lukijoidensa tulisi elää samalla tavoin kuin hän. Esimerkkejä tästä on kohdissa 1. Kor. 11:1, Gal. 4:12, Fil. 3:17, 4:9, 1 Tess. 1:6 ja 2. Tess. 3:7–9. Rukoukseen vakavasti suhtautuvien uskovien tulisi kiinnittää erityistä huomiota tähän suureen rukoilijaan ja ottaa oppia sekä hänen opetuksistaan että rukouksistaan.

Paavalin opetus

1. Timoteuskirjeen jakeissa 2:1–4 Paavali neuvoi, että kristittyjen kokouksissa olisi hyvä olla rukousta, anomista, esirukousta ja kiitosta. Niitä tulisi esittää kaikkien ihmisten ja erityisesti maallisen ja poliittisen esivallan puolesta.

Rukous esivallan puolesta
Kun Paavali pyytää meitä rukoilemaan esivallan puolesta, hän käyttää kreikankielen sanaa *huper*, joka tarkoittaa "jonkun puolesta", eikä sanaa peri, joka tarkoittaisi "jostakin". Kaikkialla Uudessa testamentissa käytetään juuri sanaa huper osoittamaan, että Jeesus kuoli puolestamme – kuten esimerkiksi kohdissa Joh. 10:11 sekä 1. Tim. 2:6.

Tämä ei tarkoita vain sitä, että meidän tulisi rukouksissamme puhua esivallasta – kiittää siitä, esittää pyyntöjä sen puolesta jne. – vaan että meidän pitäisi myös rukoilla heidän puolestaan – heidän sijastaan. Näin me toimimme pappeina rukoillen Jumalaa maailman puolesta samalla tavoin kuin ylipappimme

Toimiva rukous

Kristuksen kerrotaan rukoilevan meidän puolestamme (*huper*) Heprealaiskirjeen jakeessa 7:25 ja Hengen kerrotaan rukoilevan puolestamme (*huper*) Roomalaiskirjeen jakeissa 8:26-27.

"Pelastuksen" rukoileminen Jumalalta
Raamatussa ei ole yhtään mainintaa siitä, että Paavali olisi erityisesti rukoillut Jumalaa pelastamaan uskomattomia pakanoita. Totta kai hän halusi heidän kaikkien pelastuvan ja rukoili tavalla, jonka uskoi jouduttavan heidän pelastumistaan. Mutta sen sijaan, että olisi rukoillut "Jumala pelasta X", hän rukoili niiden esteiden poistamista, jotka estivät X:n pelastumisen, ja että Jumala varustaisi ja innostaisi X:lle hyvää sanomaa kertovia uskovia todistamaan hänelle tehokkaasti.

Roomalaiskirjeen jakeessa 10:1 Paavali kertoo tärkeimmän toiveensa ja rukouksensa olevan juutalaisten puolesta (*huper*) – "että he pelastuisivat". Tässä jakeessa ei sanota, että Paavalin rukouksen sisältö olisi ollut: "Rakas Jumala, pelasta juutalaiset". Sen sijaan siinä kerrotaan, että Paavalin rukousten tavoite oli, että juutalaiset "pelastuisivat". Room. 10:1 ei tue muotoilua: "Rakas Jumala, pelasta mieheni".

Jos me toivomme ystäviemme ja sukulaistemme pelastusta ja kannamme huolta alueemme ihmisten kääntymisestä, me taistelemme rukouksessa saadaksemme aikaan heidän pelastumisensa. Paavalin tavoin mekin vietämme pitkiä aikoja rukouksessa, "jotta he pelastuisivat".

Meidän tulisi kuitenkin pyrkiä löytämään paras ja tehokkain tapa saada aikaan heidän pelastuksensa. Emme toki halua rukoustemme olevan tehottomia. Paavalin rukoukset ja opetus osoittavat, että kun rukoilemme pelastuksen esteiden poistumista – ja lisää voimaa ja intoa uskoville – se on hyvin tehokas tapa rukoilla pelastusta uskomattomille. Tätä "esteitä poistavaa rukousta" tutkitaan tarkemmin osassa seitsemän.

Paavalin rukoukset

Rukous rauhan puolesta
1. Timoteuskirjeen jakeissa 2:1-4 Paavali opetti, että meidän tulisi rukoilla hallituksen puolesta, "jotta saisimme viettää tyyntä ja rauhallista elämää, kaikin tavoin hurskaasti ja arvokkaasti".
Rauha on elintärkeä tehokkaalle evankeliumin julistukselle. Sota missä muodossa tahansa on evankelioinnin este. Tämän takia meidän tulisi rukoilla rauhan puolesta, jotta Jumalan työ ei häiriytyisi ja että me voisimme jatkaa todistamista niille, jotka eivät ole uskossa.

Kestävyys rukouksessa
Paavali toisti Jeesuksen opetuksen kestävyyden tarpeesta rukouksessa. Paavalin kirjeissä tätä korostetaan monessa kohdassa, kuten Room. 12:12, Ef. 6:18, Kol. 4:2 sekä 1. Tess. 5:17.

Rukous olennaisten asioiden puolesta
Paavali korosti, että meidän tulee pyytää rukouksessa olennaisia asioita eikä ylellisyyksiä. Ef. 6:18 ja Fil. 4:6-7 osoittavat, että meidän tulee pyytää rukouksessa sitä, mitä tarvitsemme – oli se sitten aineellista tai hengellistä. Siinä hän viittaa Matteuksen evankeliumin jakeisiin 6:25-34.

Paavalin rukouspyynnöt
Esimerkiksi 1. Tessalonikalaiskirjeen jakeissa 5:25 mainittujen Paavalin yleisten rukouspyyntöjen lisäksi Raamattuun on kirjattu seitsemän hänen erityistä rukouspyyntöään. Näissä rukouspyynnöissä toistuu neljä teemaa.

Pelastus
Kuusi kertaa Paavali pyysi rukoilemaan itselleen suojelusta tai pelastusta tilanteesta, joka esti evankeliumin julistusta.
Kristuksen tavoin Paavalikaan ei pyytänyt vihamielisyyksien lakkaamista vaan suojaa lähtiessään pois hankalasta tilanteesta. Siksi meidänkään ei pitäisi rukouksessa pyytää helppoa elämää. Sen sijaan meidän tulisi koettaa ottaa selvää,

Toimiva rukous

mitä Jumala tekee ja haluaa tehdä jonkun ihmisen elämässä vaikeuksien kautta. Meidän tulisi keskittyä Jumalan työhön ihmisen elämässä eikä antaa siihen liittyvien tilanteiden harhauttaa meitä sivupoluille.

Paavali pyysi:

◆ Pelastusta pahojen ihmisten käsistä – 2. Tess. 3:1–2

◆ Pelastusta epäuskoisten ihmisten käsistä – Room. 15:31

◆ Pelastusta kuolemanvaarasta – 2. Kor. 1:9–11.

◆ Varjelusta vankilassa – Fil. 1:19–20

◆ Vapautusta vankilasta henkilökohtaisena palveluksena – Filem. 22

◆ Suljetun oven avautumista – Kol. 4:3.

Kaikissa näissä jakeissa Paavalin rukouspyyntöjen tarkoitus oli, että hän voisi evankelioida tehokkaammin.

Hyväksyntä

Kohdassa 2. Tess. 3:1–2 Paavali pyysi rukousta sen puolesta, että uskomattomat ottaisivat hänen sanomansa hyvin vastaan. Roomalaiskirjeen jakeissa 15:30–32 hän taas pyysi rukoilemaan sen puolesta, että Jerusalemin uskovat voisivat hyväksyä hänen sanomansa.

Rohkeus

Sekä Efesolaiskirjeessä (Ef. 6:19–20), että Kolossalaiskirjeessä (Kol. 4:3–4) Paavali pyysi rukoilemaan hänelle pelotonta rohkeutta. Hän halusi julistaa hyvää sanomaa siten kuin sitä tulisi julistaa.

Hän tiesi, että hänen normaali tilansa oli "pelko ja vavistus" ja ettei hänellä ollut luonnostaan rohkeutta. Jos Paavalikin tarvitsi ihmisten rukouksia rohkeutensa puolesta, kuinka paljon enemmän sen tulisi olla aiheena meidänkin nykyisissä rukouksissamme?

Paavalin rukoukset

Matkat
Paavali pyysi Roomalaiskirjeen jakeissa 15:22-32 rukousta, jotta saisi tilaisuuden matkustaa Roomaan. Hän pyysi sitä viedäkseen Kristuksen siunauksen Rooman uskoville.

Rukous evankelioinnin puolesta
Nämä neljä teemaa Paavalin rukouspyynnöissä viittaavat selvästi rukoukseen evankelioinnin puolesta, joka on vieläkin tärkeää. Jos meillä on raamatullinen into evankeliointiin, kuinka voisimme parhaiten rukoilla uskomattomien ystäviemme ja perheemme puolesta?

Paavalin tavoin mekin tiedämme, että Jumala tahtoo kaikkien ystäviemme pelastuvan. Meidän ei tarvitse taivutella vastahakoista Jumalaa pelastamaan heidät. Päin vastoin, jos noudatamme Paavalin esimerkkiä, me rukoilemme:

◆ Että vapautuisimme kahlitsevista olosuhteista, jotka estävät todistamistamme

◆ Että saisimme rohkeasti julistaa Jumalan sanaa

◆ Jotta saisimme viettää aikaa uskomattoman ystävämme kanssa

◆ Että saisimme Hengen voimaa sanomaamme ja ystävämme kuuntelisi meitä ja ottaisi sen vastaan

◆ Että Henki vakuuttaisi ystävämme hänen synnistään ja pelastuksen tarpeestaan.

Jos me kannamme taakkaa tietyn uskomattoman ihmisen puolesta, tehokas ja raamatullinen tapa rukoilla hänelle pelastusta on:

◆ Kuunnella Jumalaa ja selvittää tarkkaan, miten hän haluaa meidän vievän pelastussanoman sydämellämme olevalle henkilölle

◆ Rukoilla erityisesti ja sinnikkäästi Jumalaa poistamaan mahdolliset esteet ja varustamaan sen uskovan, jonka hän on valinnut puhumaan pelastumattomalle

Toimiva rukous

henkilölle, sekä voitelemaan hänen sanomansa armollaan ja rakkaudellaan.

Jumala toki kunnioittaa aina vilpitöntä pyrkimystämme, jos rukoilemme: "Pelasta ystäväni". Sellaiset rukoukset eivät ole koskaan ajan hukkaa – mutta ne voivat olla hieman laiskoja! Jumala haluaa meidän paneutuvan rukoukseen ja etsivän tosissamme hänen tahtoaan tietyssä tilanteessa ja sitten rukoilla sen toteutumista.

Paavalin rukoukset
Room. 1:9, Ef. 1:16, 1. Tess. 1:2 ja Philemon 4 osoittavat, että Paavalin rukoukset olivat täynnä pyyntöjä niiden uskovien puolesta, joihin hän oli ollut yhteydessä.

Paavalin kirjeissä on kuitenkin myös yhdeksän rukousta, joista voimme oppia paljon rukouksen sisällöstä. Näissä rukouksissa toistuu kahdeksan teemaa.

Tieto
Hänen yleisin rukousaiheensa oli, että uskovat tulisivat täyteen sitä tietoa, jota Paavali ymmärsi heidän tarvitsevan.
Hän rukoili, että:

- ◆ He oppisivat tuntemaan Jeesuksen paremmin saatuaan viisauden ja näkemisen hengen – Ef. 1:17

- ◆ Heidän silmänsä valaistuisivat näkemään toivon, johon heidät oli kutsuttu – Ef. 1:18

- ◆ sekä Kristuksen rikkaan perintöosan – Ef. 1:18

- ◆ He tajuaisivat Kristuksen valtavan rakkauden – Ef. 3:18

- ◆ He saisivat viisautta ja ymmärrystä ja tulisivat tuntemaan Jumalan tahdon – Kol. 1:9

- ◆ He kasvaisivat Jumalan tuntemisessa – Kol. 1:10

- ◆ He ymmärtäisivät Jumalalta tulevan vanhurskauden ja pystyisivät erottamaan sen omasta hurskaudestaan – Room. 10:1-4

Paavalin rukoukset

◆ He käsittäisivät kaiken sen hyvän, minkä Kristus oli heille antanut – Filem. 6
◆ He saisivat yhä lisää tietoa, jotta voisivat erottaa sen mikä on tärkeää – Fil. 1:9–10.

Paavali käytti kaikissa näissä kohdissa kahta lukuunottamatta kreikankielen sanaa *epignosis*. Se tarkoittaa täydellistä kokemusperäistä tietoa. Hän siis rukoili, että he kokisivat nämä asiat mahdollisimman täydellisesti.

Efesolaiskirjeen jakeessa 3:18 on yksi poikkeus. Siinä Paavali käytti sanaa *ginosko*, joka tarkoittaa pikemminkin käsitteen kuin yksityiskohtien ymmärtämistä. Jumalan valtavaa rakkautta ei voida tuntea täydellisesti, vaikka siitä voidaan iloita ja sitä voidaan arvostaa.

Toinen poikkeus Efesolaiskirjeen jakeessa 1:18, jossa Paavali käytti kreikankielen sanaa *eido* korostaakseen, että toivo on tulevan todellisuuden nykyistä ymmärtämistä. Toive toteutuu aikanaan, mutta sitä ei voida tuntea kokonaan ja täydellisesti tässä nykyisessä ajassa.

Kaikki tämä osoittaa, että ennen kuin alamme rukoilla jonkin uskovan puolesta, meidän tulee kysyä Jumalalta, millaista tietoa hän tarvitsee eniten. Kysyttyämme asiaa meidän tulee odottaa Jumalan vastausta ennen kuin aloitamme rukouksen.

Paavali muotoili tietoa koskevat rukouksensa aina selkeästi. Rukoukset vaihtelivat aiheena olevien tarpeiden mukaan. Meidän rukoustemme tulisi kehittyä tällaiseksi todelliseksi rukoustaisteluksi tuntemiemme uskovien puolesta – jotta he oppisivat tietämään kokonaan ja täydellisesti kaiken sen, mitä heidän tarvitsee tietää evankelioidessaan ihmisiä.

Voima
Efesolaiskirjeen kohdassa 3:16 Paavali rukoili, että hänen lukijansa vahvistuisivat Hengen voimalla. Rukouksen tarkoitus oli, että – lopulta – he vahvistuisivat riittävästi, jotta Kristus voisi asua heidän sydämessään ja siten Jumalan koko täyteys valtaisi heidät.

Toimiva rukous

Kolossalaiskirjeen jakeessa 1:11 hän rukoili, että Jumalan voima vahvistaisi meitä olemaan kestäviä ja kärsivällisiä. Kun uskova on vaarassa luovuttaa, meidän ei pidä rukoilla, että hänen tilanteensa helpottuisi. Sen sijaan meidän pitäisi rukoilla, että Henki antaisi hänelle voimaa ja määrätietoisuutta jatkaa.

1. Tessalonikalaiskirjeen kohdassa 3:13 Paavali rukoili, että sydämemme vahvistuisi, jotta voisimme olla pyhät ja moitteettomat Jeesuksen toisen tulemisen aikaan.

Rakkaus
Efesolaiskirjeen kohdassa 3:17 Paavali rukoili, että Jumalan rakkaus olisi elämämme perustus ja kasvupohja. Kohdissa Fil. 1:9 ja 1. Tess. 3:12 hän anoi, että Jumalan rakkaus virtaisi runsaana meihin ja nykyiseen tilanteeseemme ja lisäisi meidän rakkauttamme muihin.

Jumalan rakkaus on *agape*. Se on Jumalan syvää, jatkuvaa ja käytännöllistä rakkautta. Meidän tulee rukoilla myös nykyisen seurakunnan puolesta, että *agape* virtaisi runsaana meihin ja meistä muihin. Juuri tämä rakkaus on haaste maailmalle.

Puhtaus ja moitteettomuus
Filippiläiskirjeen jakeessa 1:10 Paavali rukoili, että hänen lukijoistaan tulisi "puhtaita ja moitteettomia" ihmisten edessä. Hän halusi Jumalan tekevän heistä *eilikrines* ja *aproskopos* – eli puhtaat ja vapaat maailman turmeluksesta, etteivät he olisi kenellekään loukkaukseksi tai kompastukseksi.

1. Tessalonikalaiskirjeen jakeessa 3:13 Paavali rukoili, että lukijat olisivat "pyhät ja moitteettomat" Jumalan edessä. Tällä kertaa hän rukoili, että he olisivat *amemptos* ja *hagiosune* – moitteettomia Jumalan edessä ja käytöksessään pyhiä.

Kolossalaiskirjeen kohdassa 1:10 hän anoi, että heidän elämänsä olisi Jumalan mielen mukaista. Paavali halusi, etteivät he pelkästään noudattaisi Jumalan käskyjä vaan myös ennakoisivat hänen toiveitaan.

Paavalin rukoukset

Paavali rukoili myös lukijoidensa "täydellisiksi tulemisen" puolesta kohdassa 2. Kor. 13:9. Tässä käytetään sanaa *katartisis*, joka merkitsee "luonteen eheyttä", ei sanaa *teleios*, joka merkitsee "täydellisesti suoritettua". Näiden kahden sanan ero osoittaa, että tämä on realistinen rukous meidän puolestamme, jotta olisimme valmiita ja soveltuvia evankeliointityöhön. Siinä ei rukoilla lopullista kypsyyttä tai täydellisyyttä.

Arvokkuus
Paavali halusi lukijoiden heijastavan elämällään Jumalan luonnetta ja ajatuksia. Niinpä hän rukoilikin Kololossalaiskirjeen jakeessa 1:10, että he eläisivät Herralle kunniaksi, ja kohdassa 2. Tess. 1:11 hän rukoili, että heidän elämänsä olisi Jumalan kutsumuksen arvoista.

Vanhurskaus
Filippiläiskirjeen jakeessa 1:11 Paavali rukoili, että me tulisimme täyteen vanhurskauden hedelmää, jonka saa aikaan Jeesus Kristus. Roomalaiskirjeen jakeissa 10:2–3 hän rukoili, että oppisimme tuntemaan sen vanhurskauden, joka tulee Jumalalta.

Tulokset
Paavali rukoili, että hänen lukijansa kantaisivat hedelmää tekemällä kaikkea hyvää – kuten kohdassa Kol. 1:10, ja kirjeessään Filemonille (Filem. 6) hän pyysi Jumalalta, että lukija tulisi *energes* – voimakkaan aktiiviseksi ja tehokkaaksi – todistaessaan uskostaan.

Kirkkaus
2. Tessalonikalaiskirjeen jakeissa 1:11–12 Paavali rukoili, että me kirkastaisimme Herramme Jeesuksen nimen – ja hän kirkastaisi meidät. Hän käyttää tässä kreikankielen rakennetta, joka korostaa tämän kokemuksen mahdollisuutta nykyhetkessä, ja alleviivaa sanomansa käyttämällä samaa

Toimiva rukous

rakennetta jakeessa 10 korostaakseen, että tulevaisuudessa Kristus varmasti kirkastetaan morsiamensa kautta.

Nämä Paavalin rukoukset eivät olleet kohteliaita tervehdyksiä – ne olivat tarmokkaita pyyntöjä, joihin Paavali tiesi Jumalan vastaavan! Kun me noudatamme hänen esimerkkiään rukouksessa ja olemme samalla tavoin riiippuvaisia Hengestä, meilläkin voi olla tällainen varmuus ja luottamus. Meidänkin rukouksiimme vastataan.

Osa 7

Hengellinen sodankäynti

Hengellinen sodankäynti on mukana kaikessa kristillisessä elämässä. Siihen kuuluu oman elämän pyhittäminen, evankeliumin julistus ja rukous. Jotkut hengelliset johtajat hylkäävät ajatuksen, että hengellinen sodankäynti veisi meidät vastakkain demonisten voimien kanssa. Heidän mielestään henkivaltojen haastaminen suoraan ei kuulu rukoukseen eikä raamatulliseen opetukseen.

Kaikki rukouksen lajit ovat kuitenkin hengellistä sodankäyntiä. Aina kun rukoilemme ja etsimme Jumalan tahtoa maan päällä, joudumme vastakkain vihollisen kanssa.

Ef. 6:10-18 on hengellisen sodankäynnin perusteksti. Siinä kuvataan seurakuntaa sodassa. Siinä puhutaan "meistä" eikä "minusta", ja tekstistä välittyy kuva lähitaistelussa seisovasta ja sotivasta armeijasta. Siispä mekin voimme odottaa joutuvamme vastustamaan henkivaltoja ja haastamaan niitä suoraan. Tätä Paavali varmaankin tarkoitti puhuessaan taistelusta "henkivaltoja ja voimia vastaan".

Tässä kuvataan komppaniaa sotilaita taistelemassa rukouksessa suoraan demonivaltoja vastaan. Tämän tekstin ydinajatus on rukous. Meidän täytyy pukea yllemme Jumalan taisteluvarustus, jotta olisimme valmiit haastamaan vihollisen rukouksessamme. 1 Joh. 3:8 osoittaa tämän olevan Jumalan tahto.

Hengellisen sodankäynnin todellisuus
Danielin kirjan jakeissa 10:12-13 nähdään joitakin epätavallisia välähdyksiä hengellisen maailman toiminnasta ja rukoustemme vaikutuksesta siihen. Daniel pyrki rukouksen ja paaston avulla ymmärtämään hänelle näytettyä näkyä.

Toimiva rukous

Jumala lähetti mahtavan enkelin tapaamaan häntä ja selittämään näyn, mutta tämäkin enkeli joutui taisteluun Persian "enkeliruhtinaan" kanssa. Kun Daniel jatkoi rukousta, arkkienkeli Mikael lähetettiin apuun ja viesti tuli perille. Tämä teksti osoittaa että:

◆ Demonisia olentoja (joita tässä kutsutaan enkeliruhtinaiksi) on olemassa ja ne yrittävät vastustaa Jumalan työtä

◆ Nämä demoniset enkeliruhtinaat ovat sidoksissa tiettyihin paikallisiin ja ajallisiin alueihin

◆ Taivaallisen ja maanpäällisen toiminnan välillä on yhteys. Tapahtumat taivaissa vaikuttivat tilanteeseen maan päällä, ja Daniel vaikutti rukouksillaan siihen, mitä tapahtui taivaissa

◆ Daniel sai sinnikkäällä rukouksellaan aikaan hengellisen läpimurron – vaikka hän ei itse nähnyt mitään tästä taistelusta.

Vaikka ei voidakaan kieltää, että Danielin rukous oli hengellistä sodankäyntiä, jotkut hengelliset johtajat väittävät, että tietoista, aktiivista ja hyökkäävää hengellistä sodankäyntiä ei tarvita, koska Daniel ei itse puhutellut demonisia voimia ja valtoja. Heidän mukaansa rukouksessa ei tarvitse kohdata demonisia henkivaltoja suoraan ja henkilökohtaisesti.

Tätä väitettä perustellaan sillä, että Sakarjan kirjan kohdassa 3:1–5 Herran enkeli ei käyttänyt sanoja "minä nuhtelen sinua" vaan "Herra nuhtelee sinua". Myös Juudas viittaa siihen kirjeensä jakeessa 9. Mutta Luukas 4:1–13 ja Matteus 16:22–23 osoittavat, että joutuessaan vastakkain Saatanan kanssa Jeesus ei keskustellut tai neuvotellut hänen kanssaan vaan käski häntä. Matteuksen evankeliumin jakeissa 12:22–29 Jeesus opettikin, että hengellinen sodankäynti on Jumalan valtakunnan tulemisen tunnusmerkki.

Meitä ei varmaan koskaan kutsuta Jeesuksen tavoin haastamaan itse Saatanaa. Me joudumme taisteluun hänen

Hengellinen sodankäynti

edustajiaan vastaan: henkivaltoja ja voimia ja muita demonisia olentoja vastaan.

Danielin ja Sakarjan kirjan tekstit on kuitenkin kirjoitettu ennen ristiinnaulitsemista. He eivät voineet turvautua Golgatan voittoon. Siellä Jeesus riisui aseista vallat ja voimat ja hänet korotettiin taivaallisiin paikkoihin paljon niitä ylemmäs. Meidätkin on korotettu Kristuksen kanssa ja käytämme hänen edustajinaan hänen voimaansa ja valtaansa. Tämä käy selvästi ilmi Efesolaiskirjeen kohdasta 1:15–2:7.

Meillä ei ole voimaa nuhdella henkiolentoja. Mutta Jeesuksella on – ja me saamme häneltä saman vallan. Hänen edustajinaan maan päällä me voimme sanoa: "Minä nuhtelen sinua Jeesuksen nimessä".

Tässä tarvitaan tasapainoa. Saatana voi houkutella meitä "todistamaan sen" ja harhautumaan Jumalan tahdosta kohtaamaan paholaisen voimat omalla voimallamme. Jos me lähdemme taisteluun yksin, huomaamme pian hengellisen sodankäynnin todellisuuden, josta Pietari kirjoittaa kirjeessään (1. Piet. 5:8).

Henkilökohtainen hengellinen sodankäynti
Vain neljän Vanhan testamentin henkilöä kerrotaan joutuneen henkilökohtaisesti vastakkain Saatanan kanssa. Saatana käytti kunkin henkilön kanssa erilaista asetta ja hyökkäsi eri kohtiin hänen elämässään, hän tuli eri valepuvussa ja hänellä oli eri tavoite. Näiden neljän hengellisen taistelun tutkiminen antaa meille yleiskuvan siitä, miten vihollisen voimat pyrkivät hyökkäämään kimppuumme nykyään.

Eeva
1. Mooseksen kirjan kolmannessa luvussa Saatana ilmestyi Eevalle eksyttäjänä, joka johti hänet harhaan ihmisen todellisen onnen suhteen. Ilmestyskirjassa (Ilm. 12:9) Saatanaa kuvataan sanoilla "tuo suuri lohikäärme, tuo muinaisaikojen käärme, jota kutsutaan Paholaiseksi ja Saatanaksi, tuo koko ihmiskunnan eksyttäjä".

Toimiva rukous

Hän hyökkäsi Eevan mieleen käyttäen aseenaan valheita ja pyrkien saamaan Eevan epätietoiseksi Jumalan tahdosta. Vihollinen sai aikaan hämmennystä ehdottamalla, että Eevan pitäisi epäillä Jumalan hyvyyttä: "Onko Jumala todella sanonut: 'Te ette saa syödä mistään puutarhan puusta'?" Tämä oli valhe. Jumala ei ollut kieltänyt heitä syömästä kaikista puista vaan vain yhdestä.

Saatana yritti myös yllyttää Eeva epäilemään Jumalan sanaa: "Onko Jumala todella sanonut...?" Saatana aloitti hyökkäyksensä saamalla Eevan kyseenalaistamaan Jumalan sanan, koska hän tiesi, että Jumalan sanan epäilemisestä on vain lyhyt matka epätietoisuuteen Jumalan pyhyydestä.

Lopuksi Saatana valehteli vielä kerran: "Jumala tietää, että niin pian kuin te syötte siitä, teidän silmänne avautuvat ja teistä tulee Jumalan kaltaisia, niin, että tiedätte kaiken, sekä hyvän että pahan." Näin Saatana pyrki hämärtämään Eevan tiedon Jumalan tahdosta.

Job

Jobin kirjan ensimmäinen luku osoittaa, että tällä kertaa paholainen tuli hävittäjän roolissa ja käytti aseenaan kärsimystä hyökätessään Jobin ruumiin kimppuun. Tavoitteena oli saada Job epäilemään Jumalan tahtoa ja säälimään itseään – sen sijaan, että olisi kunnioittanut Jumalaa hänen lapsenaan.

Saatana ei käyttänyt aseenaan kärsimystä sen itsensä takia vaan keinona saada Job kyseenalaistamaan Jumalan tahdon. Luvussa kolme kerrotaan, kuinka Job seitsemän päivän hiljaisuuden jälkeen kyseli "miksi?". Jobin ystävien väärä oletus oli, että Jumalan oikeudenmukaisuuden takia hyve täytyy aina automaattisesti palkita vaurauden ja terveyden kaksinkertaisella siunauksella, ja kärsimys saattoi olla vain synnin seurausta.

Hengellinen sodankäynti

Daavid

Kolmas Raamatussa kerrottu kohtaaminen Saatanan kanssa on 1. Aikakirjan 21. luvussa. Siinä Saatana pukeutui itsevaltiaan hallitsijan valepukuun hyökätäkseen Daavidin kimppuun. Hän käytti aseenaan ylpeyttä tavoitteenaan saada kuningas käyttämään valtaansa Jumalan tahdosta riippumatta.

Saatana houkutteli Daavidin käskemään Joabia ja muita johtomiehiä tekemään väestönlaskennan Israelin kansan keskuudessa ilman sanaa Jumalalta. Vaikka Joab ensin vastusti määräystä, laskenta toteutettiin.

Joosua

Ylipappi Joosua oli neljäs Vanhan testamentin henkilö, joka joutui kamppailuun Saatanan kanssa. Sakarjan kirjan kolmannessa luvussa syyttäjä hyökkäsi Joosuan omantunnon kautta yrittäen saada hänet väärän syyllisyydentunteen valtaan, jotta hän ei täyttäisi Jumalan tahtoa. Vihollinen teki sen houkuttelemalla ylipapin ajattelemaan, että hän ei kelpaisi palvelukseen likaisten vaatteittensa takia – kun Joosuan olisi pitänyt luottaa Jumalan antamaan vanhurskauteen.

Hyökkäys sattui kriittiseen aikaan juutalaisten historiassa: oltuaan neljäkymmentä vuotta maanpaossa Baabelissa juutalaiset olivat alkaneet palata takaisin Jerusalemiin. Joosuan isoisä Seraja oli ollut ylipappina Jerusalemin valloituksen aikaan, ja Nebukadnessar oli mestauttanut hänet Riblassa (2. Kun. 25:18–21). Joosuan isä Josadak oli viety Baabeliin pakkosiirtolaisuuteen, ja koska Joosuaa ei mainita jakeessa 1. Aik. 5:41, on syytä olettaa, että hän syntyi pakkosiirtolaisuuden aikana.

Oli ilmeisesti vihjailtu, että Joosua ei ollut sopiva ylipapiksi, koska hän oli maanpaossa syntynyt orja ja siksi saastainen. Siksi hänellä oli likaiset vaatteet – ja Saatana käytti tätä hyökkäyksessä hyväkseen. Oli ihmeellistä, että Jumalan armo tuli Joosuan avuksi, ja hän sai pukeutua puhtaisiin vaatteisiin.

Toimiva rukous

Sodankäynti Vanhassa testamentissa

Vanhassa testamentissa kerrotaan Jumalan teoista kansansa keskellä, ja se on kirjoitettu esimerkiksi ja varoitukseksi meille. Monissa kohdissa kerrotaan Israelin taisteluista Jumalan vihollisia vastaan.

Meidän taistelumme nykyään on hengellistä – ei lihaa ja verta vastaan – mutta Vanhan testamentin esimerkit fyysisistä taisteluista havainnollistavat hengellisiä periaatteita, joita voimme soveltaa myös omaan sodankäyntiimme.

Kaikki taistelut perustuivat ainutlaatuiseen stragegiaan: taistelusuunnitelmaa varten ei ollut vakioratkaisua. 2. Moos. 17:9 osoittaa, että Jumala antoi erillisiä ohjeita kuhunkin taisteluun. Meidän tulee varmistaa, että saamme ohjeet hengelliseen sodankäyntiin Jumalalta, emmekä lähde liikkeelle, ellei hän ohjaa meitä. Sodankäynnissä on kuitenkin selviä periaatteita, jotka meidän on syytä tuntea.

Voitto riippuu Jumalan auktoriteetin oikeasta käytöstä
2. Mooseksen kirjan jakeessa 17:9 Mooses piti ylhäällä Herran sauvaa valtansa symbolina. Sauva edusti Mooseksen kutsumusta, mutta hänen täytyi laskea se maahan ennen kuin hän pystyi nostamaan sen kunnolla ylös.

Seuraavissa kohdissa puhutaan meidän auktoriteetistamme Kristuksessa:

◆ Luukas 10:16–20

◆ Matteus 28:18–20

◆ Matteus 16:19.

Voitto riippuu yhteishengestä
Mooses, Aaron, Hur ja Joosua tekivät tiiminä yhteistyötä pitäen Mooseksen käsiä ja Jumalan sauvaa ylhäällä. Heillä ei ollut kiistaa siitä, kuka pitäisi sauvaa – he eivät jakautuneet puolueisiin tai kilpailleet keskenään, ja tämä yhteishenki oli ratkaiseva tekijä voiton ja tappion välillä. Kun he pitivät

Hengellinen sodankäynti

Mooseksen käsiä ylhäällä, he olivat voitolla; jos Mooseksen kädet vajosivat, he olivat tappiolla.
Yhteishengen tärkeyttä sodankäynnissä havainnollistavia kohtia Raamatussa ovat mm. Psalmi 133:1-3, Matteus 18:18-20, Joh. 17:20-26 ja Fil. 1:27.

Voitto riippuu läpimurrosta
Läpimurto on "teko tai kohta, jonka avulla murtaudutaan esteen tai puolustusrintaman läpi; se on merkittävä edistysaskel tiedossa tai saavutuksissa". Kertomus Daavidin taistelusta filistealaisia vastaan kohdassa 1. Aik. 14:8-17 osoittaa, että Jumala on läpimurtojen Jumala. Tätä kohtaa kannattaa tutkia tarkemmin.

Jae 8: Filistealaiset hyökkäsivät Daavidin kimppuun hänen voitelunsa ja valtansa takia. Daavidin vastaus uutiseen edessä olevasta hyökkäyksestä oli mennä linnoitukseen. Nahum 1:7 ja Psalmi 18:2 osoittavat, että taistelun aikana meidän pitää pysyä linnoituksessamme – eli Herrassa.

Jae 10: Daavid kysyi Herralta. On elintärkeää olla kaiken aikaa Pyhän Hengen johdossa, mutta erityisen tärkeää se on hengellisessä sodankäynnissä.

Jae 11: Daavid voitti filistealaiset Baal Perasimissa mutta tunnusti, että Jumala oli saanut aikaan läpimurron. On selvää, että tässä oli kyse kumppanuudesta.

Jae 12: Filistealaiset hylkäsivät epäjumalansa. Tässä oli ongelman ydin: taistelu oli hengellinen.

Jae 13: Vihollinen ryhmittyi ja hyökkäsi uudestaan. Huomaa vihollisen sinnikkyys. Se yritti kuitenkin liikoja.

Jae 14-15: Nyt strategia muuttui. Tällä kertaa Daavidin piti odottaa Jumalan toimivan Israelin puolesta.

Jae 16: Daavid ajoi vihollisen takaisin. Voitto oli saavutettu!

Heprealaiskirjeen kohdassa 4:14 kuvataan kaikkien aikojen suurinta läpimurtoa. Meidän tulee tarttua läpimurtoihin, jotka Jeesus on jo saavuttanut puolestamme. Meidän tulee tunnustaa sitä uskoa, mikä meillä on, ja pitää lujasti kiinni kaikista Jumalan lupauksista – erityisesti Efesolaiskirjeen jakeessa 3:20 olevasta

Toimiva rukous

lupauksesta – ja jatkaa niiden tunnustamista rukouksessa, kunnes saavutamme läpimurron.

Voitto

2. Mooseksen kirjan jakeet 17:11–12 voidaan lukea kahdella tavalla. Ensinnäkin: "kädet kohotettuna Jumalan valtaistuimelle", kuten rukouksessa, tai: "kädet kohotettuna valtaistuinta vastaan" kapinan merkkinä. Kumpikin tulkinta yhdessä auttaa meitä ymmärtämään kohdan kaikki vivahteet. Jumala toimii sekä kapinan että esirukousten takia toteuttaen Raamattuun kirjattuja tuomioitaan. Jumala puuttuu asioihin harvoin suoraan. Hän käyttää meitä eli seurakuntaa tahtonsa toteuttamisessa.

Syy siihen, että olemme mukana sodankäynnissä, on voitto. Joh. 12:31 osoittaa, että Jeesus tuli ajamaan Saatanan ulos, ja se tapahtui ristillä. Jeesus on jo saanut ratkaisevan voiton. Hänen ja Saatanan välinen taistelu maailmankaikkeuden kohtalosta on ohitse – Jeesus on voittanut. Kol. 2:15 ja Hepr. 2:14–15 osoittavat, että Saatanan valtakunta on julistettu mitättömäksi ja laittomaksi, ja että hänet sekä kaikki hänen demoninsa on voitettu täydellisesti.

Tämä on tärkeä hengellinen periaate, eikä se tue sellaista "hengellisen sodankäynnin" harjoittamista, josta saa vaikutelman, että me olisimme heikkouden tilassa, emmekä voisikaan tukeutua sodankäynnissä Kristuksen jo saamaan voittoon.

Jeesuksen Kristuksen johtoasema ja täydellinen voitto Saatanasta on saavutettu ja täysin taattu. (Tätä tutkitaan tarkemmin Hengen miekka -kirjasarjan osassa viisi, Jumalan kirkkaus seurakunnassa.) Mutta tämä johtoasema on annettu meille, seurakunnalle, jotta me voimme käydä Kristuksen voitossa ja käyttää sitä hänen puolestaan. Nykyään me olemme "hallituskoulussa", ja tulevassa Jumalan valtakunnassa me saamme elää ja hallita Kristuksen kanssa ikuisesti.

Nyt Saatana on voitettu, mutta häntä ei ole vielä tuhottu tai tuomittu lopullisesti. Hänet on kuitenkin tehty voimattomaksi

Hengellinen sodankäynti

ja toimimattomaksi. Näin on tapahtunut: Saatanalta on riisuttu valta, ja hänet on ikuisiksi ajoiksi karkotettu paikastaan taivaissa. Hänet on:

- ◆ Voitettu – Matteus 12:28–29
- ◆ Tuhottu – Hepr. 2:14–15
- ◆ Ajettu ulos – Joh. 12:31
- ◆ Riisuttu aseista – Kol. 2:15.

Tämä voitto on ollut voimassa jo 2 000 vuotta. Meidän pitää oivaltaa tämä, ja asenteemme rukouksessa tulee olla, että meillä on jo saavutettu voitto, emme siis ole alakynnessä tai tappiolla. Tästä lähtökohdasta me voimme menestyksekkäästi soveltaa Kristuksen riemuvoittoa maailmassa hänen jumalallisen tahtonsa ja suunnitelmansa mukaan.

Hengellinen taisteluvarustus

Efesolaiskirjeen kohtaa 6:11–17 käytetään perinteisesti kuvauksena meille hengellistä sodankäyntiä varten annetusta varustuksesta. Efesolaiskirjettä kirjoittaessaan Paavali oli vankina Roomassa ja todennäköisesti kahlittu roomalaiseen sotilaaseen. Hänen kuvauksensa hengellisestä taisteluvarustuksestamme perustuu roomalaisen sotilaan lähitaistelussa käyttämään asuun.

Tämä Jumalan taisteluvarustus edustaa totuutta elämäntavastamme, ja sen pukeminen päälle ei ole sarja matkittavia vertauskuvallisia eleitä. Tässä käytetty kreikankielen sana tarkoittaa, että me puemme sen päällemme vain kerran, emme päivittäin – vaikka meidän täytyy kulkea se päällämme joka päivä.

Totuuden vyö
Vyö piti roomalaisen tunikan tiukasti kiinni, jotta sotilas ei sotkeutunut siihen ja pystyi siten lähitaisteluun vihollista vastaan. Vyö kuvaa siis sotilaallista mielenlaatua: "Olen valmis taisteluun".

Toimiva rukous

Totuutta kuvaava sana tässä on *aletheia*, joka merkitsee "totuutta vastakohtana erehdykselle". Se, mihin emme usko, on yhtä tärkeää kuin se, mihin uskomme. Vihollinen pyrkii harhauttamaan meitä johtamalla meidät uskomaan valheita. Meidän onkin syytä valvoa mieltämme ja täyttää se jatkuvasti Jumalan Sanalla.

Vanhurskauden haarniska
Haarniska oli tehty joko sotilaan kaulan ja yläruumiin muotoon muovatusta metallista tai pellavakankaasta, joka oli peitetty suojaavilla eläimen sarvista tehdyillä liuskoilla. Se suojeli tärkeitä elimiä, kaulaa ja yläruumista. Selkäpuolta se ei juuri suojannut, mikä varmisti, ettei sotilas koskaan kääntäisi selkäänsä ja lähtisi pakoon!

Meidän pitää tutkia sydäntämme ja varmistaa, että sen tila on oikea. Tähän tarvitaan positiivista hengelliseen kasvuun suuntautunutta asennetta ja halua olla oikeassa suhteessa Jumalaan ja muihin ihmisiin.

Meidän on syytä tietää, että me olemme täydellisen vanhurskaita Jumalan edessä Kristuksessa Jeesuksessa, jotta voimme tulla hänen eteensä uskossa, mutta meidän pitää myös pitää vaelluksestamme huolta synnintunnustuksella ja katumuksella. Meillä on oikeus kantaa taisteluvarustusta, mutta sitä on kannettava oikein!

Jalkineina alttius Jumalan evankeliumille
Sotilaiden kengät olivat paksupohjaisia, nastoitettuja saappaita, joiden kiinnityshihnat ulottuivat polviin asti. Ne antoivat tasapainoa ja suojaa epätasaisessa maastossa.

Meidän voimamme, tasapainomme, suojamme ja varmajalkaisuutemme perustuvat kaikki rauhan evankeliumiin. Se saa aikaan sovituksen Jumalan kanssa eikä turvaudu ihmisten taistelukeinoihin. Me opetamme sovitusta koston sijaan, koska Jeesus on Rauhanruhtinas.

Hengellinen sodankäynti

Uskon kilpi
Roomalaiset sotilaat käyttivät kahdenlaisia kilpiä. Yksi oli pieni pyöreä kilpi, jolla torjuttiin vihollisen iskut taistelussa miekoilla tai keihäillä. Toinen oli raskas paksu puulaatta, joka oli verhoiltu öljyllä käsitellyllä nahalla. Sen tarkoitus oli sammuttaa vihollisen nuolenkärjissä oleva palava piki.
Nämä suuremmat kilvet antoivat sotilaalle täyden suojan taistelussa. Me tarvitsemme suojaa Saatanan houkuttelevien kiusausten palavilta nuolilta. Täyden suojan niitä vastaan saamme uskosta – uskostamme Jumalan lupauksiin.
Yksi tapa, jolla sotilaat suojautuivat, oli seistä yhdessä ja käyttää kilpiään muurina ympärillään. Kun me tulemme yhteen ja pystytämme suojamuurit vihollista vastaan, saamme lisää suojaa. Meidän tulee valvoa toisiamme. Kaikki Efesolaiskirjeen 6. luvun ohjeet annettiin yhteisölle eikä yksittäisille uskoville.

Pelastuksen kypärä
Roomalaisten kypärät oli tehty joko vahvasta metallilla päällystetystä nahasta tai valetusta metallista, ja se oli kyllin lujaa kestämään raskaan leveäteräisen miekan iskuja, jotka olisivat uponneet suojaamattomaan kalloon. Saatanan "leveäteräinen miekka" on epäily ja lannistaminen. Jumalan antama suoja koostuu toivosta, rohkaisusta ja kestävyydestä.

Hengen miekka
Roomalaisilla sotilailla oli kahdenlaiset miekat. Ensimmäinen oli suuri leveäteräinen miekka, jota käytettiin kaksin käsin. Toinen oli lyhyt miekka tai tikari, jota käytettiin lähitaistelussa. Efesolaiskirjeen 6 luku viittaa tähän pienempään lyhyeen miekkaan. Meillä on hengellisesti tehokas Pyhän Hengen antama miekka. Hepr. 4:12–13 osoittaa, että se on voimakas ja tarkka ase uskovan käsissä.

Taisteluvarustuksen todellinen tarkoitus
Ef. 6:18 osoittaa, että taisteluvarustuksen tarkoitus oli valmistaa sotilas taisteluun. Tämä taistelu on rukous. Rukous ei ole

Toimiva rukous

joku muu taisteluvarustuksen osa, koska silloin vertauskuva ei toimisi. Rukous ei myöskään ole Hengen miekan tuotos. Rukous antaa meille kyvyn käyttää taisteluvarustusta. Rukous on taistelukenttä. Raamattu sanookin tästä osuvasti, että "tehkää tämä kaikki rukoillen".

Jesajan kirjan kohdassa 59:15–19 Herra oli tyrmistynyt pahuudesta ja siitä, ettei ollut ketään, joka olisi astunut väliin, joten hän päätti puuttua asiaan itse. Mutta huomaa, miten hän ensin varustautui siihen!

Rukoustaistelu

Aikaisemmin oli jo puhetta siitä, että tehokas rukous pelastumattomien puolesta koostuu lähinnä kahdesta asiasta: ensinnäkin, että pelastussanoman julistajat varustettaisiin tehtävään, ja toiseksi, että pelastuksen esteenä olivat asiat poistettaisiin. Tämä toinen asia on rukoustaistelua.

Jeesus otti juutalaisten yleisen sanonnan "siirtää vuoria" ja antoi sille uuden voiman ja merkityksen. Juutalaisten kirjoituksissa suurta opettajaa, joka pystyi selittämään Raamatun ongelmia tyydyttävästi, kutsuttiin vuorten siirtäjäksi.

Tämä sanonta perustuu Jesajan kirjan kohtaan 40:1–5, jossa profeettaa käskettiin valmistamaan tietä Herralle. Jesajan piti muun muassa hajottaa vaikeuksien vuoret, jotka estivät Jumalan kirkkauden laajamittaista ilmestymistä. "Vuorten siirtämiseen" viitataan myös Jesajan kirjan kohdassa 2:11–16, ja sen vastineeseen "juuriltaan kiskomiseen" viitataan Valitusvirsien jakeissa 3:65–66. Ajatus esiintyy myös Sakarjan kirjan jakeessa 4:7.

Vanhaan aikaan, kun itämaiden kuningas halusi matkustaa valtakuntansa kaukaisiin osiin, hän lähetti noin kuusi kuukautta tai vuoden etukäteen joukon miehiä valmistamaan tietä. Nämä miehet varmistivat siltojen kunnon, korjasivat tiet, kiskoivat puita juuriltaan ja tekivät ylipäänsä kaiken voitavansa helpottaakseen hallitsijan matkantekoa ja perille pääsyä.

Hengellinen sodankäynti

Johannes Kastaja oli Herran tienraivaaja, mutta niin olivat myös ne 72 opetuslasta, jotka mainitaan Luukkaan evankeliumin 10. luvussa. He menivät Kristuksen edellä pareittain kaikkiin kyliin ja paikkoihin, joissa hän aikoi käydä. Jeesus omaksui ajatuksen vuorten siirtämisestä ja kehitti sitä edelleen kolmessa rinnakkaisessa evankeliumin kohdassa: Matteus 7:20, Markus 11:22-24 ja Luukas 17:5-6.

Jumalan usko
Markuksen evankeliumin jakeen 11:22 oikea ymmärtäminen on elintärkeää. Useimmista raamatunkäännöksistä saa vaikutelman, että Jeesus olisi sanonut: "Uskokaa Jumalaan". Mutta sanatarkka käännös kreikankielestä olisi: "Olkoon teillä usko Jumalalta", tai: "Olkoon teillä Jumalan usko". Sen voisi jopa ilmaista: "Uskokaa Jumalan uskoon".

Jumalan usko on ehdotonta. Hänellä on täydellinen itseluottamus. Hän tietää, että hän voi tehdä mitä ikinä tahtoo. Vuorten siirtäminen ei ole ongelma maan ja taivaan luojalle. Jos meillä on hitunen Jumalan uskoa, rukoustaistelusta tulee suoraviivaista. Jeesus lupaa meille, että me voimme oppia luottamaan uskoon. Näin meillä voi olla yhtä vahva luottamus kuin Jumalalla on sanaansa.

Matteus 17:20 ja Luukas 17:5-6 osoittavat, että me emme tarvitse paljon uskoa siirtääksemme vuoria, kunhan se on aitoa. Tässä merkitsee vain laatu, ei määrä. Oma uskomme ei saa itsestään mitään aikaan – vain Jumala siirtää vuoria. Meidän uskomme vain kytkee meidät yhteen Jumalan suuren voiman kanssa.

Paavali lupasi 1. Korinttilaiskirjeen jakeessa 12:9, että Pyhä Henki antaisi joillekin ihmisille Jumalan uskon lahjan. Hieman myöhemmin Paavali kehoitti lukijoitaan tavoittelemaan hartaasti arvokkaimpia armolahjoja. Usko on luettelossa tärkeällä sijalla. Rukoustaistelussa on viisi vaihetta:

Toimiva rukous

Jumalan tahdon tunteminen

Tämäntyyppinen rukous on hyödytöntä, jos meillä ei ole täyttä varmuutta Jumalan tahdosta. Meidän täytyy käyttää aikaa Isän puheen kuuntelemiseen. Meidän täytyy saada häneltä tieto siitä, mitkä vaikeuksien vuoret ovat esteenä Jumalan kirkkauden ilmestymiselle ja henkilön pelastumiselle.

Meidän tulee kysyä lsältä, mitkä olosuhteet, tekijät ja asenteet estävät Jumalan työtä kehittymästä ja kasvamasta tietyn ihmisen elämässä. Kukin edellä mainituista tekstinkohdista viittaa tietyntyyppiseen poistettavaan esteeseen.

Markus osoittaa, että ihmissuhteet voivat olla esteenä, erityisesti jos niihin liittyy anteeksiantamattomuutta.

Matteuksen evankeliumissa viitataan siihen, että vaikeudet demonien ulosajossa voivat vaatia tämäntyyppistä esirukousta.

Luukkaan evankeliumin kohta osoittaa muiden viikunapuita käsittelevien kohtien kanssa, että sellaiset puut, jotka näyttävät hyviltä mutta eivät tuota hedelmää, ovat valmiita kiskottaviksi juuriltaan. Hedelmättömät, tekopyhät kristityt ovat usein suurin este ihmisten kääntymiselle kristityiksi.

Vallankäytön järjestys

Vuorten siirtymistä käsittelevissä jakeissa ei sanota "jos te rukoilette minua" vaan "jos te sanotte tälle vuorelle". Tämä rukous on osoitettu esteelle, ei Isälle. Se on rajua Vanhan testamentin mukaista *paga*-esirukousta, jolle on luonteenomaista sellaiset uskossa esitetyt käskyt kuin "nouse paikaltasi" ja "paiskaudu mereen", "siirry tuonne" tai "nouse juuriltasi".

Jotkut pitävät tätä outona vain siksi, että heiltä puuttuu kokemus apostolien käytännöstä käyttää tehtävässään auktoriteettiaan ja käskyjä. Alkuseurakunnan kristittyjen tavoin yhä useammat nykykristityt osoittavat sanansa suoraan silmille, jäsenille, myrskyille, demoneille, kuumeelle ja vainajille Jeesuksen nimessä käskien niitä muuttumaan. Me usein huudamme Jumalaa tekemään jotakin, mutta hän vastaa kuiskaamalla: "Ei, sinun pitää tehdä se itse". Tämä salaisuus vaikutti Naamanin parantamisessa, Pietarin kalansaaliissa,

Hengellinen sodankäynti

Punaisen meren jakautumisessa sekä Pietarin löytämässä verorahassa.
Tämä edustuksellinen valta, jonka Kristus antoi 72 opetuslapselle Luukkaan evankeliumin jakeissa 10:1–16, on käytössämme nykyäänkin. Käytännössä se tarkoittaa, että jos kyyninen työtoveri paljastuu rukouksessa esteeksi Matin uskoontulolle, olisi oikein muotoilla esirukous seuraavasti: "Jeesuksen nimessä minä poistan tämän esteen, joka estää Mattia kuulemasta evankeliumia".

Jumalan uskon vastaanottaminen
Kotitekoinen usko ei riitä tämäntyyppiseen rukoukseen. Siihen tarvitaan Jumalan antamaa luottamusta, että rukoiltu asia toteutuu. Kun Pyhä Henki antaa meille Jumalan uskon lahjan, meidän pitää hyväksyä, että asia on jo toteutunut.

Uskominen ei ole häilyvä toive siitä, että jotakin voisi ehkä tapahtua, esimerkiksi: "Minä uskon (mutta en ole oikein varma), että Jaakko tulee tänään". Uskominen on sitä, että tiedämme jonkin asian varmasti tapahtuvan: "Minä uskon, että Jaakko tulee tänään (kuten hän on luvannut – ja siellä hän tuleekin)".

Jatkuva puhuttelu
Kreikankielen aikamuoto ei tarkoita, että sanoisimme esteelle kerran: "Nouse ylös ja paiskaudu mereen". Se ei ole kertaluontoinen käsky. Tässäkin tarvitaan kestävyyttä, kuten kaikessa rukouksessa.

Näkyvä tulos
Sellaiset sanamuodot kuin "niin tapahtuisi", "se siirtyisi" ja "se tottelisi" korostavat, että asian toteutuminen on varmaa. Luukas käyttää kreikankielen aikamuotoa, joka viittaa käskyä edeltävään aikaan, esimerkiksi: "se olisi totellut", ja tämä korostaa, että rukoustaistelulla pitää olla näkyviä tuloksia.

Kun me tiedämme Jumalan tahdon, saamme Jumalan uskon ja jatkamme komentamista meille annetulla auktoriteetilla, lopputuloksesta ei voi olla epäilystäkään: korkein vuori,

Toimiva rukous

syvimmälle juurtunut puu tai järkkymättömin este joutuvat kaikki väistymään. Tie tasoitetaan, jotta Jumalan kirkkaus voi ilmestyä.

Mielen taistelukenttä

Kaikki se, mitä on sanottu rukouksen roolista hengellisessä sodankäynnissä, on osa suurempaa taistelua mielestä. Kohdassa 2. Kor. 10:4-6 Paavali paljastaa hengellisen sodankäynnin todellisen luonteen: vangita jokainen ajatus ja uskomus kuuliaiseksi Kristukselle.

On ilmiselvää, että me olemme järkeviä olentoja ja meidän ajatuksillamme on seurauksia. Jokainen hengellinen taistelu paholaisen kanssa liittyy ajatteluumme, koska ajattelumme vaikuttaa valintoihimme, jotka lopulta vaikuttavat tunteisiimme ja tekoihimme. Siksi Saatana hyökkää aina mieleemme. Hän synnyttää aina vääriä ideoita riippumatta siitä, liittyvätkö ne tieteeseen, filosofiaan, politiikkaan vai uskontoon.

Kiivain hyökkäys tulee lopulta petoksena, joka koskee Jumalan olemusta, luontoa ja rehellisyyttä. Luepa uudestaan edellä mainitut esimerkit hengellisestä sodankäynnistä, jotka Eeva, Job, Daavid ja ylipappi Joosua joutuivat kokemaan. Niistä huomaat, että jokainen näistä taisteluista käytiin valheen ja petoksen henkeä vastaan.

Siksi uskovan tärkein ase sodankäynnissä onkin Jumalan totuus eli hänen sanansa, joka on ainoa tapa kohdata "valehtelija ja valheen isä Saatana".

Kun rukoukseesi yhdistyy totuuden ymmärtäminen ja julistaminen, se antaa sinulle terävän totuuden tunnon ja kyvyn paljastaa valheet. Tällöin pystyt kaatamaan ne linnakkeet, joita Saatana pystyttää mieleen – sekä omaasi että muiden mieleen.

Osa 8

Paasto

Osassa 4 nähtiin, että Raamatussa esirukous liittyy profetiaan ja osassa 5 todettiin kiitosrukouksen ja uhrin välinen yhteys. Tässä osassa tutkitaan rukouksen ja paaston läheistä raamatullista yhteyttä.

Hepreankielessä "paastota" ja "paasto" ovat *tsuwm* ja *tsowm*, ja ne tarkoittavat olemista ilman ruokaa ja juomista. Hepreankielen sanamuoto *anah nephesh* viittaa myös paastoon, mutta se käännetään usein kirjaimellisen merkityksensä mukaan "vaivata sielua".

Sanoja *tsuwm* ja *tsowm* käytetään kohdissa Tuom. 20:26, 1. Sam. 7:6, Esra 8:23, Ester 4:16, Jesaja 58:3-6, Jeremia 14:12, Joel 2:15 – sekä monissa muissakin paikoissa.

Termiä *anah nephesh* käytetään muun muassa kohdissa 3. Moos. 16:29,31, 23:27,29,32, 4. Moos. 29:7, Psalmi 35:13 ja Jesaja 58:3-10.

Kreikankielen verbi *nesteuo* merkitsee kirjaimellisesti "olla syömättä" ja käännetään aina sanalla "paastota". Sanoja *nesteuo* ja *nesteia*, "paasto", käytetään esimerkiksi kohdissa Matteus 6:16-18, Luukas 18:12, Apt. 13:2-3 ja 27:9.

Paastoaminen Vanhassa testamentissa

Vanhassa testamentissa oli vain yksi laissa määrätty paasto, joka pidettiin vuosittain sovituspäivänä. Siitä kerrotaan 3. Mooseksen kirjassa, ks. 3. Moos. 16:29-34 ja 23:27-32.

Sakarja 8:19 osoittaa, että juutalaisten palattua pakkosiirtolaisuudesta sen lisäksi noudatettiin neljää muutakin pakollista paastoa. Esterin kirjan jakeessa 9:31 voidaan myös nähdä uuden säännöllisen paaston käyttöönotto.

Toimiva rukous

Näiden lisäksi oli myös satunnaisia vapaaehtoisia paastoja. Joskus ne olivat henkilökohtaisia, kuten 2. Samuelin kirjan jakeessa 12:22. Toisinaan ne olivat yhteisöllisiä, ks. esim. Tuom. 20:26 ja Joel 1:14.

Vanhassa testamentissa paaston yhdistäminen rukoukseen:

◆ Ilmaisi surua – 1. Sam. 31:13, 2. Sam. 1:12, 3:35, Nehemia 1:4, Ester 4:3 ja Psalmi 35:13–14

◆ Osoitti katumusta – 1. Sam. 7:6, 1. Kun. 21:27, Nehemia 9:1–2, Daniel 9:3–4 ja Joona 3:5–8

◆ Osoitti nöyryyttä – Esra 8:21 ja Psalmi 69:10

◆ Voi olla avun ja ohjauksen anomista – 2. Moos. 34:28, 5. Moos. 9:9, 2. Sam. 12:16–23, 2. Aik. 20:3–4 ja Esra 8:21–23

◆ Voitiin tehdä muiden puolesta – Esra 10:6 ja Ester 4:15–17.

Jesajan kirjan (Jes. 58:3–4) mukaan jotkut juutalaiset alkoivat vähitellen ajatella, että paasto varmisti automaattisesti Jumalan kuulevan heidän rukouksensa. Mutta Jesaja 58:5–12 ja Jeremia 14:11–12 kertovat profeettojen julistaneen, että paasto oli hyödytöntä ilman jumalista elämää. Paasto ei ole eräänlainen nälkälakko, jolla saisimme Jumalalta mitä haluamme!

Joskus Vanhassa testamentissa paastottiin vääristä syistä, mikä oli kauhistus Herran silmissä. Mutta siellä on myös erinomaisia esimerkkejä siitä, että kansat, kaupungit tai yksilöt kääntyivät paastoten Jumalan puoleen, ja Jumala kunnioitti sitä.

2. Aikakirjan jakeessa 20:3 Josafat julisti paaston Juudassa ja Herra vapautti heidät vihollisistaan. Kansa valmistautui taisteluun paastolla, johon kuului myös todellinen katumus ja kääntyminen Jumalan puoleen esirukouksessa, ja ylistyksen kautta he saivat voiton.

Joona 3:5 osoittaa, kuinka Niniven asukkaat katuivat ja paastosivat Joonan saarnattua tuomion profetiaa.

Paasto

Kun Jumala näki sen, hän armossaan säästi kaupungin.
Vaikka paasto on joissakin tilanteissa Jumalan määräämä tapa kääntyä hänen puoleensa rukouksessa, 2. Sam. 12:15-18 osoittaa, että se ei ole kaava, jolla saisi automaattisesti rukousvastauksia.

Paastoaminen Uudessa testamentissa
Jeesuksen Kristuksen kuolemassa ja ylösnousemuksessa Vanhan testamentin sovituspäivä toteutui lopullisesti. Siksi paastolle ei ole enää lakiin perustuvaa syytä.

Kol. 2:13-23 osoittaa, että kaikki lakiin perustuvat riitit tai seremoniat ovat nyt tarpeettomia, koska Jeesus on täyttänyt koko lain. Siksi rituaalinen paasto on lakkautettu, koska se kyseenalaistaisi Kristuksen loppuun saatetun työn, jonka ansiosta me nyt elämme armosta.

Se ei kuitenkaan tarkoita, että me emme saisi paastota. Se tarkoittaa, että meidän ei enää tarvitse paastota ollaksemme vanhurskaita tai täyttääksemme lain velvoitteen. Matteuksen evankeliumin luvuissa 5-7 Jeesus ei tuomitse paastoa, mutta hän tuomitsee paaston vääristä motiiveista. Hän itse asiassa antaa seuraajilleen ohjeita oikeasta paastosta.

Jeesus oletti seuraajiensa paastoavan
Vaikka evankeliumeissa ei ole mainintaa siitä, että Jeesus olisi määrännyt opetuslapsensa paastoamaan, hänen puheensa Matteuksen evankeliumin jakeissa 6:16-18 täytyy tarkoittaa, että hän odotti seuraajiensa paastoavan.

Lisäksi Luukas 5:35 osoittaa, että Jeesus tiesi seuraajiensa paastoavan - ja näytti hyväksyvän tämän käytännön. Olisi ollut outoa, jos Jeesus olisi puhunut näin siinä tapauksessa, että paasto ei olisi ollut jatkossa osa kristillistä elämäntapaa.

Luukkaan evankeliumin jakeessa 5:35 (sekä kohdissa Markus 2:20 ja Matteus 9:15) Jeesus puhui ajasta, jolloin hän ei enää olisi opetuslastensa kanssa - ja sanoi, että silloin olisi aika paastota.

Toimiva rukous

Koska Jeesus ei ole enää fyysisesti meidän keskuudessamme, nyt on varmasti se aika, jolloin hänen seuraajilleen on sopivaa paastota nähdäkseen Jumalan suunnitelmien toteutumisen.

Jeesuksen paasto erämaassa
Luukas 4:1-14 kuvaa Jeesuksen pitkää neljänkymmenen päivän paastoa – joka näyttää toisintavan ja toteuttavan Mooseksen ja Elian paaston kohdissa 2. Moos. 34:28 ja 1. Kun. 19:8.
Erämaassa Jeesus teki kaksi asiaa:
- Hän valmistautui tehtäväänsä
- Hän taisteli paholaisen kanssa.

Jos paasto oli näissä tehtävissä Jeesukselle tärkeää, kuinka paljon enemmän meidän pitäisi oppia ymmärtämään paaston arvo ja voima nykyään!

Ennen Jeesuksen paastoa erämaassa Luukas kertoo hänen olleen "täynnä Henkeä". Paaston jälkeen Luukas toteaa, että Jeesus oli "täynnä Hengen voimaa". Tässä on meille tärkeä esimerkki.

Henki ajoi Jeesuksen erämaahan, jossa ei ollut ruokaa. Siellä hän paastosi – ja sekin tapahtui Hengen ohjauksessa, ei lain velvoittamana. Sen ansiosta Jeesus oli Saatanan kohdatessaan täysin Hengen voimauttama ja varustama ja valmis voittamaan Saatanan.

Paastoaminen alkuseurakunnassa
Kuten Apostolien teoista nähdään, alkuseurakunta arvosti paastoamista, joka oli keskeisellä sijalla seurakunnan elämässä ja käytännöissä. Päätöksiä seurakunnan johtajuudesta tai suunnasta tehtiin vain harvoin ilman rukousta ja paastoa. Seurakunta paastosi esimerkiksi:
- Valitessaan lähetystyöntekijöitä – Apt. 13:2-3
- Nimittäessään vanhimpia – Apt. 14:23
- Osana palvelustehtäväänsä – 2. Kor. 6:5 ja 11:27.

Paasto

Tämän perusteella meidän tulisi vapaaehtoisesti pitää paastoa osana henkilökohtaista ja yhteisöllistä elämäämme. Meidän pitäisi sekä yksilöinä että seurakuntana löytää uudelleen paaston merkitys ja palauttaa se oikealle paikalleen elämässämme.

Mitä paasto ei ole?

Paastoaminen ei ole askeettisuutta
Askeettisuus tai ankara ja luonnoton itsensä kieltäminen ei ole raamatullinen käytäntö. Se vahingoittaa ruumista ja eikä kunnioita Herraa, joka loi ruumiin Pyhän Hengen temppeliksi.

Askeettiset ideat tulivat seurakuntaan osittain virheellisen kreikkalaisen filosofian ja joidenkin sellaisten gnostilaisuuden lajien kautta, joissa ruumista pidetiin synnillisenä ja siksi esteenä elämälle Hengessä. Tämä johti liialliseen paastoamiseen, alituiseen valvomiseen ja muihin fyysisen itsensä vahingoittamisen muotoihin. Raamatun kanta tähän on kerrottu Kolossalaiskirjeen jakeessa 2:23.

Parhaimmillaan taipumus liialliseen paastoamiseen on harhautunutta intoa, mutta pahimmillaan se voi olla demonista. Asketismia harjoitetaan usein pakanauskonnoissa, kulteissa ja okkultisissa menoissa. Me tarvitsemme kunnollista ravintoa ja unta pysyäksemme vahvoina ja terveinä Jeesusta varten.

Raamatun näkökulmia asiaan löydät muun muassa seuraavista kohdista: 3. Moos. 19:28, 5. Moos. 14:1 sekä 1. Kun. 18:28.

Paastoaminen ei ole itsensä kuolettamista
Paastoamisella ei ole mitään arvoa keinona hillitä elämässämme – eli lihassamme – olevia synnillisiä houkutuksia. Se ei tee meistä pyhiä. Lihalliseen mieleen tepsii vain Hengen voima, jolla me kuoletamme vanhoihin epäkristillisiin elämäntapoihimme liittyvät lihalliset teot.

Toimiva rukous

Tällaisella paastolla itse asiassa hemmotellaan lihallista mieltä, joka on mieltynyt niin kutsutun "hengellisyyden" näyttäviin ja ulkonaisiin muotoihin.

Opettaessaan ihmisiä paastoamaan Jeesus sanoi, että se pitäisi tehdä salassa. Vaikka paastoaminen ei liitykään lihalliseen mielen hallitsemiseen, ei ole väärin paastota elämässämme olevien synnillisten piirteiden takia. Mutta vain Hengestä tuleva katumus ja pyhitys muuttaa meidät – ei itse paasto.

Paastoaminen ei ole keino hankkia ansioita
On typerää ajatella, että voittaisimme paastolla tai joillakin muilla teoilla Jumalan suosion, saisimme Jumalan armon tai pakottaisimme hänet vastaamaan rukouksiimme. Jumalan armo on ilmainen lahja. Hän vastaa rukouksiimme vain Jeesuksen Kristuksen kautta ja hänen ristillä täyttämänsä työn perusteella.

Paastoa ei ole tarkoitettu pöyhkeilyyn
Fariseuksilla oli pöyhkeilevä asenne paastoon – kuten kaikkiin muihinkin uskonnollisiin harjoituksiin. He kiinnittivät mielellään ihmisten huomion kahdesti viikossa toistuvaan paastoonsa. He olivat hengellisiä mahtailijoita. Mutta Jeesus tuomitsi sen Matteuksen evankeliumin jakeissa 6:16–18 ja puhui siitä, että vain oikeasta syystä paastoavien ihmisten paasto palkitaan.

Mitä paasto on?
Paastoaminen voi olla hyväksi terveydelle erityisesti länsimaissa, joissa ihmiset kuluttavat keskimäärin aivan liikaa ravintoa.

Paasto voi hyödyttää myös muita. Jos esimerkiksi Englannissa jokainen uskova jättäisi väliin yhden aterian viikossa ja antaisi säästyneet rahat (noin 2,5 euroa) lähetysjärjestöille, se kaksinkertaistaisi maan vuosittaiset lahjoitukset lähetystyöhön.

Paasto

Tärkeimmät syyt paastoon ovat kuitenkin hengellisiä. Paastoamisen tarkoitus on etsiä Jumalaa. Se on pohjimmiltaan Herralle suunnattu palvelustehtävä. Paastolle on lähinnä kolme hengellistä syytä:

Synnin takia tunnetun surun ilmaiseminen
2. Sam. 1:11–12 osoittaa, että paasto on surun ja murheen ilmaus. Paasto voi olla luonnollinen reaktio, mutta se voi olla myös paljon enemmän ja muuttua tavaksi lähestyä Jumalaa ja ilmaista syvä huolemme ja murheemme monista asioista – kuten Nehemian kirjan jakeessa 1:4.
 Nehemia oli järkyttynyt kansakunnan tilasta. Jerusalemin muurit oli hajotettu, ja Jumalan perintö oli raunioina. Niinpä Nehemia paastosi ja murehti Herran edessä.
 Tällainen paasto on oikeutettua, ja me voimme saada siitä siunauksen, joka on kuvattu Matteuksen evankeliumin jakeessa 5:4.
 Voimme reagoida tällä tavoin mihin tahansa vakavaan tilanteeseen – liittyi se sitten kansakunnan tai seurakunnan tilaan tai henkilökohtaisiin huolenaiheisiin.
 Raamatussa paastoon liittyy usein murehtiminen synnin takia ja nöyrtyminen Jumalan ja hänen armonsa edessä. Paasto ei ole "katumusharjoitus" synnin takia, mutta sen taustalla on omakohtainen ymmärrys synnin vakavuudesta.

Asian vakavuuden osoittamista Jumalalle
Raamatussa paastoon liittyy aina rukous. Pelkkä paasto ei riitä. Paaston koko tarkoitus on varata enemmän aikaa rukoukseen ja osoittaa rukouksessa asiamme vakavuus.
 Paastoamalla me sanomme Jumalalle: "Herra, tämä tilanne, joka on saanut minut polvilleni, on minulle vakavampi huolenaihe kuin ruumiillinen ravinnontarpeeni".
 Paasto on tehokasta, koska lähestymme siinä Jumalaa normaalia vakavammin. Tällaista määrätietoisuutta Jumala kunnioittaa, ja paastossa se saa uuden ulottuvuuden. Jesajan kirjan 58. luvussa kerrotaan, että ei pelkästään fyysiset ja

Toimiva rukous

sosiaaliset vaan myös hengelliset kahleet katkeavat paastossa Pyhän Hengen voimalla.

Tällainen hengellisen voiman lisääntyminen voidaan nähdä myös silloin, kun varaamme aikaa rukoilla ja paastota palvelutehtävämme puolesta. Paaston ja rukouksen jälkeen koemme usein lisääntynyttä voimaa ja voitelua – erityisesti hengellisten lahjojen muodossa – ja siitä voi seurata uusi henkilökohtainen läpimurto.

Siunaus
Jeesus lupasi, että Jumala palkitsee ne, jotka etsivät häntä vilpittömällä ja ehyellä sydämellä. Matteus 6:18 osoittaa, että siihen liittyy myös paastoaminen Jumalan tarkoittamalla tavalla.

Paastossa on jotakin voimakasta, joka puhtaalla sydämellä ja oikeista syistä tehtynä tuo meidät lähemmäksi Jumalaa. Tätä periaatetta kuvataan kohdissa Jaakob 4:10 ja Jesaja 40:31.

Koska pitäisi paastota?
Me emme tavallaan päätä paaston ajankohtaa, Jumala päättää. Kutsu paastoon ilmenee syvänä Jumalan antamana haluna etsiä Herraa rukouksessa ja paastossa. Joskus saamme Hengeltä äkillisen kehotuksen paastota, mutta usein se tulee vastauksena tiettyyn tilanteeseen tai tarpeeseen. Mutta saadessamme Hengen kehotuksen tiedämme, että on tullut aika paastota.

Niiden, jotka harjoittavat paastoa säännöllisesti tiettyinä aikoina, tulee varmistaa, että he ovat oikeasti Herran johdatuksessa. Muutoin paasto jää pelkän ulkoisen rituaalin tasolle.

Miten pitäisi paastota?
Seuraavassa on joitakin käytännön näkökohtia pohdittavaksi.
◆ Aloita lyhyillä päivästä kolmeen päivään kestävillä paastoilla. Pitkät paastot voivat olla vaarallisia, ja

Paasto

niiden suhteen täytyy noudattaa varovaisuutta. Muista, että tarkoitus on nimenomaan etsiä Jumalaa eikä vain olla ilman ruokaa. Ankara paasto voi harhauttaa meidät Kristuksesta – joten meidän on syytä varmistaa, ettei halu paastota ole vain omaa intoamme vaan Hengen antama kehotus.

◆ Älä koskaan paastoa ilman vettä. Ihmiskeho voi pysyä hengissä monta viikkoa ilman ruokaa mutta vain muutaman päivän ilman vettä.

◆ Päänsärkyä voi esiintyä paaston alkuvaiheissa vieroitusoireena kofeiinin ja hiilihydraattien puutteesta. Näitä oireita voi lievittää vähentämällä niiden määriä asteittain ennen paastoa.

◆ Osittainen paasto – eli tiettyjen aterioiden tai ruokalajien jättäminen väliin – voi olla aivan yhtä tehokasta kuin täyspaasto. Tällaista paastoa kuvataan Danielin kirjan 1. luvussa. Osittaiset paastot ovat erityisen käytännöllisiä niille, joiden olisi tiukan työtahdin takia vaikeaa paastota kokoaikaisesti.

◆ Muista, että ruoka on Jumalan lahja. Juhla-aika voi olla yhtä hengellinen kokemus kuin paasto. Meidän on pidettävä huolta siitä, että paastoaminen ei johda ravintoaineiden epätasapainoon

Osa 9

Kielet

Tässä kirjassa olemme jo käsitelleet monia erityyppisiä rukouksia. Kaikissa niissä puhutaan Isälle Pojan kautta Hengessä – kielellä, jota osaamme.

Kielilläpuhuminen – kreikaksi *glossolalia* – on kuitenkin rukousta Isälle Pojan kautta Hengessä tuntemattomalla kielellä, jota emme ole opiskelleet.

Mitä kielilläpuhumisen lahja on?

Ihme
Kielillä puhuessamme me rukoilemme Jumalaa kielellä, jota emme ole koskaan opiskelleet, joten sen täytyy olla ihme! Kielilläpuhuminen on yliluonnollinen ilmiö – siinä Pyhä Henki antaa meille sanat, joita me emme itse ymmärrä, ja sen ansiosta voimme puhua tehokkaammin Isälle.

Tärkeää
Joidenkin hengellisten johtajien mielestä helluntailaiset kiinnittävät aivan liikaa huomiota kielilläpuhumiseen. Heidän mukaansa kielilläpuhumisen armolahja on vähäpätöinen sivuseikka, korinttilainen erikoisuus, joka mainitaan siellä täällä puolella jakeella.

Toiset väittävät, että kielilläpuhuminen ilmiönä päättyi apostolien aikaan, joten sitä ei pitäisi tavoitella tai harjoittaa nykyään.

Raamatussa on kuitenkin viisi tähän kiistakysymykseen liittyvää tärkeää kohtaa, jotka kannattaa lukea ja tutkia hyvin huolellisesti: Markus 16:15–20, Apt. 2:1–13, Apt. 10:44–48, Apt. 19:1–7 sekä 1. Kor. 11:2–14:40. Näiden kohtien perusteella

Toimiva rukous

meidän pitäisi uskoa, että kielilläpuhumista esiintyy myös nykyään, ja rohkaista tämän lahjan saaneita käyttämään sitä.

Kieli
Kielet ovat Pyhän Hengen antamia kieliä – ja hän antaa puhujalle kyvyn ääntää sanat. Tässä ei ole kyse pelkistä äänteistä. Äänteet voivat edeltää sanoja, kuten kaikessa kielellisessä kehityksessä, mutta yhdistettynä oikeaan lauserakenteeseen niistä muodostuu nopeasti kieli.

Merkki
Jeesus sanoi Markuksen evankeliumin jakeessa 16:17, että kielet olisivat yksi evankeliumin julistusta seuraavista merkeistä.
Tämän perusteella kielilläpuhuminen voi saada uskomattomat uskomaan Kristukseen. Paavali korosti sitä 1. Korinttilaiskirjeen jakeessa 14:22, ja se vaikutti myös helluntaina, kun opetuslasten ylistys ja rukous kielillä herätti ihmetystä ja toimi todistuksena kansanjoukoille.

Todiste
Apostolien teoissa (Apt. 10:44–48), kielilläpuhuminen hyväksyttiin todisteeksi siitä, että Korneliuksen huonekunta oli saanut Pyhän Hengen. Sellainen henkilö, jota Jeesus ei ole täyttänyt Pyhällä Hengellä, ei puhu kielillä. Rukous kielillä on varattu niille, jotka ovat täyttyneet Hengellä.

Jumalan lahja
1. Kor. 14:5 opettaa, että kielilläpuhuminen on lahja, jonka kaikki uskovat voivat saada tehostamaan rukoustaan ja palvontaansa. Se osoittaa myös, että tämä lahja on annettu seurakunnalle rakentamaan yhteistä palvontaa ja todisteeksi uskomattomille.
Tavasta, jolla tämä lahja saadaan ja kehittyy, nähdään, että se on Jumalan ja ihmisen yhteistyön tulosta. Omasta puolestamme me emme voi keksiä kieltä, ja Jumala puolestaan

Kielet

ei pakota meitä käyttämään kieltä vastoin tahtoamme. Me annamme käyttöön äänihuulemme, hengityksemme, kielemme, kitalakemme, hampaamme sekä huulemme, ja Pyhä Henki antaa sanat. Me liikutamme puhe-elimiämme ja – kun Henki antaa sanat – me puhumme ne ääneen. Äänenvoimakkuus, nopeus, aloitus ja lopetus ovat kaikki omassa hallinnassamme.

Uutta ja toisenlaista
Tätä lahjaa kuvataan "uusina" kielinä (Markus 16:17) ja "muina" kielinä (Apt. 2:4). Kreikankielessä vastaavat sanat ovat *kainos* ja *heteros*, ja ne tarkoittavat, että se on uutta, mutta ei siinä mielessä, että sitä ei olisi aiemmin kuultu, vaan uutta puhujalle, erilaista kuin kieli, jota olemme tottuneet käyttämään.

Enkelien kieltä
Puhuttu kieli ei välttämättä ole tunnettu ihmisten kieli. 1. Kor. 13:1 viittaa siihen, että kyseessä voi olla enkelien kieli.

Tulta
Apt. 2:3 kuvaa "tulisia kieliä". Vanhassa testamentissa tuli lankesi vastarakennetun temppelin alttarille sytyttäen uhrin – ja osoitti siten, että Jumala hyväksyi uhrin. Kielet on annettu nykyisille uskoville varustamaan meidät palvelutehtävään ja sytyttämään meidät toimintaan.

Tämä lahja on usein vapauttanut ihmisiä palvomaan ja palvelemaan Jumalaa yliluonnollisella tavalla ja myös antanut heille tietoisen pelastusvarmuuden.

Lakkaamatonta rukousta
Johanneksen evankeliumin jakeessa 4:14 Jeesus antoi ymmärtää, että hänen antamansa elävä vesi – jonka me ymmärrämme olevan Henki – pulppuaisi jatkuvasti uskovien sisällä. Sillä hän viittasi Vanhan testamentin kohtiin Psalmi 36:9 ja Jesaja 58:11.

Toimiva rukous

Olisiko liikaa ajatella, että kielilläpuhumisen lahja on yksi tämän sisällämme pulppuavan lähteen ominaisuus, jolla me kirkastamme ja ylistämme Jeesusta? Rukoileminen kielillä ääneen olisi siten vain äänenvoimakkuuden säätöä isommalle, jolloin sisällämme iäti pulppuavan lähteen ääni muuttuisi kuuluvaksi.

Yleisiä väärinkäsityksiä

Kielilläpuhuminen ei ole sanoma Jumalalta
Monet korostavat kovasti "kielilläpuhuttuja sanomia", mutta 1. Kor. 14:2 on tässä yksiselitteinen: kielilläpuhumisen suunta on ihmiseltä Jumalalle eikä päin vastoin. Kielilläpuhuminen on rukouksen, ei viestinnän väline. Käyttäessämme tätä lahjaa me osoitamme sanamme Jumalalle. Siksi kielten tulkinta tai selitys on aina muodoltaan rukousta tai ylistystä. Se on puhetta Jumalalle, ei Jumalan puhetta meille.

Tämä ei tarkoita, että Jumala ei voisi käyttää kielten selittämistä sanoman lähettämiseen. Esimerkiksi sanat "oi sinä lupaukset pitävä Jumala" saattavat olla täsmälleen ne sanat, joita joku täyttämättömän lupauksen kanssa kamppaileva tarvitsee. Itse asiassa kielten selitys olisi tässäkin ylistysrukous lupaukset pitävälle Jumalalle, ei Jumalalta tullut muistutus, että hän pitää lupauksensa.

Se ei ole kielellinen kyky
Kielilläpuhumisen lahja ei ole koskaan ollut oikotie viestintään lähetystyössä. Helluntainakaan kielet eivät olleet välttämättä niiden ihmisten kieliä, joille opetuslapset puhuivat. Ihmisjoukot kuulivat opetuslasten ylistävän Jumalaa omilla kielillään, mutta saarnatessaan Pietari käytti omaa äidinkieltään.

Se ei ole psyykkinen poikkeavuus
Kielilläpuhuminen ei ole alitajunnasta kumpuava huudahdus eikä se liity skitsofreniaan, katalepsiaan tai hysteriaan. Itse asiassa kielilläpuhumiseen ei liity mitään mielenliikutusta,

Kielet

mikä voi olla pettymys niille, jotka etsivät hengellistä jännitystä eikä apua syvempään rukoukseen.

Se ei ole kuuloon liittyvä ihme
Jotkut ajattelevat, että kielilläpuhumisen ihme ei tapahdu puhujan suussa vaan kuulijan korvassa. Se olisi merkittävä ihme, mutta Raamattu ei tue tätä ajatusta. Oikeastaan asia on juuri päin vastoin, koska tällainen ihme tekisi kielten selittämisen lahjan tarpeettomaksi.

Se ei ole rajattu lahja
Jotkut ajattelevat aivan oikein, että vastaus 1. Korinttilaiskirjeen jakeissa 12:29-30 oleviin "eivät kai kaikki" -kysymyksiin on "ei", mutta päättelevät virheellisesti, että kielilläpuhuminenkaan ei olisi tarkoitettu kaikille vaan vain harvoille.

Mutta 1. Kor. 12:27-30 viittaa seurakuntavirkoihin. Se korostaa seurakunnallisten tehtävien moninaisuutta luettelemalla yhdeksän erityyppistä tehtävää. Paavalin tarkoittama "ei" on vastaus näihin kahteen kysymykseen: "Pitäisikö kaikkien uskovien esittää seurakunnan yhteisessä jumalanpalveluksessa julkisia rukouksia kielillä?", sekä: "Pitäisikö kaikkien apostoleiden, profeettojen ja opettajien yms. käyttää myös julkisessa palvelutehtävässään esimerkiksi ihmeitä, parantamista ja kielilläpuhumista?"

Paavalin "ei" ei osoita, että vain rajattu joukko uskovia voisi puhua yksityisesti kielillä. Minusta 1. Kor. 14:5 osoittaa, että kaikkien on mahdollista rukoilla kielillä. Tähän viittaa myös Markus 16:17.

Se ei ole tahdotonta toimintaa
Jotkut ajattelvat vieläkin, että kielilläpuhuminen tapahtuisi "hurmoksessa" – että me emme voisi hallita lahjaa vaan puhuisimme kielillä vain, kun Jumala "pakottaa" meitä. Mutta tämä ilmiö on täysin meidän hallinnassamme. Siksi kielilläpuhuminen voidaan myös estää.

Toimiva rukous

Puhuessamme kielillä voimme vaihdella äänenvoimakkuutta ja nopeutta. Monet voivat puhua kielillä puhumatta ääneen. Sanat muodostuvat tavalliseen tapaan nopeilla kielen liikkeillä, mutta suuta ei avata, jolloin ääni ei kuulu. Valitettavasti jotkut ihmiset "mumisevat kielillä" ja antavat näin vaikutelman, että kielilläpuhuminen ei olisi tahdonalaista toimintaa.

Seurakunnan rakentamista
1. Korinttilaiskirjeen luvuissa 11-15 esitetään tarkkoja opetuksia yhteisestä jumalanpalveluksesta paikallisseurakunnassa. Näissä luvuissa korostetaan pyhän ehtoollisen tärkeyttä, naisten paikkaa, rakkauden ensisijaisuutta sekä sellaisten hengellisten lahjojen tarvetta – kielilläpuhuminen mukaan lukien – joita käytetään paikallisseurakunnan jumalanpalveluksissa.

Luvun 14 avainsana on *oikodomeo*, joka käännetään yleensä sanalla "rakentaa". Sitä voitaisiin selittää sanoilla "rakentaa yhdessä kaikkien yhteiseksi rakennukseksi". Jos tahdomme rakentaa seurakuntaa, meidän tulee kiinnittää erityistä huomiota kohtaan 1. Kor. 14. Seuraavat periaatteet, jotka koskevat kielilläpuhumisen armolahjan käyttöä yhteisessä jumalanpalveluksessa, ovat peräisin tästä luvusta.

◆ Uskova, joka tuo kokouksessa esiin julkisen rukouksen kielillä, rakentuu.

◆ Kaikille on toivottavaa ja mahdollista käyttää tätä lahjaa julkisesti.

◆ Selitys ei ole käännös. Kreikankielen verbi *diermeneuo* tarkoittaa "selittää täysin". Sitä käytetään Luukkaan evankeliumin kohdassa 24:27 kuvaamaan, kuinka Kristus selitti kirjoituksia. Sanasta "selitys" saa vaikutelman, että kielilläpuhuminen voitaisiin kääntää, mutta selitys on Hengen antama kielilläpuhumisen "ydin".

◆ Rukous kielillä, jota seuraa selitys, on yhdessä rakentamista ja se rakentaa paikalliseurakuntaa.

Kielet

◆ Pääpainon tulisi olla selityksessä, koska se rakentaa paikallisseurakuntaa.

◆ Kielilläpuhumista ei pitäisi esittää kokouksessa julkisesti ilman selitystä.

◆ Niiden, jotka ovat saaneet kielilläpuhumisen lahjan, tulisi rukoilla myös selittämisen lahjaa.

◆ Meidän ei tulisi keskittyä yksipuolisesti vain tavalliseen rukoukseen tai vain rukokseen kielillä. Julkisessa jumalanpalveluksessa tulisi olla tasapaino neljän tekijän kesken: rukous omalla kielellä ja rukous kielillä, ylistyksen laulaminen omalla kielellä ja ylistys kielillä.

◆ Me valitsemme itse, rukoilemmeko kielillä vai luonnollisella kielellämme.

◆ Rukous kielillä voi olla kiitosrukousta.

◆ Rukous kielillä on merkki uskomattomille.

◆ Oma motiivimme kielillä rukoilemisessa tulisi olla seurakunnan hyöty, ei huomion kiinnittäminen itseemme.

◆ Kielilläpuhumista ei pidä estää.

◆ Rukous kielillä tulisi esittää *euschemonos* (1. Kor. 14:40). Se on yleensä käännetty sanalla "arvokkaasti". Kielilläpuhumisen ei pitäisi olla "pälpätystä" vaan se pitäisi esittää selkeästi ja kauniisti, jotta kaikki voivat kuulla sen.

Jotkut ajattelevat, että selitys tekee sitä edeltävän kielilläpuhumisen turhaksi. "Miksi kielet?", he kysyvät. "Miksei vain selitystä?" Tähän on kaksi vastausta.

Ensinnäkin, vaikka nämä kaksi lahjaa toimivat yhdessä, kummallakin on oma tehtävänsä. Kielet ovat merkki uskomattomille siitä, että kyseessä on selvästi yliluonnollinen ilmiö, selitys taas rakentaa seurakuntaa, ja yhdessä ne kirkastavat Jumalaa.

Toimiva rukous

Toiseksi, lahjat esitellään tässä osana opetusta seurakuntaruumiista. Kukin lahja vaatii toisen ollakseen täydellinen. Tämä korostaa sitä, että kukaan ei ole pätevä kaikessa. Selitys vaatii kieliä ja kielet vaativat selitystä. Yhdessä ne muodostavat kokonaisuuden.

Kielilläpuhuminen evankelioinnissa
Markus 16:16-17 luettelee viisi merkkiä, jotka osoittavat uskomattomille, että julistettu sana on totta, ja avaavat näkymän elävän Jumalan voimaan ja kirkkauteen. Kielilläpuhuminen on yksi näistä merkeistä, jotka on annettu tukemaan evankeliointia tositilanteissa.

1. Kor. 14:22 osoittaa selvästi, että kielet ovat merkki uskomattomille. Siinä Paavali kertoo, että kielet ovat kristillisen jumalanpalveluksen osa, joka on erityisen voimakas todiste uskomattomille.

Jotkut hengelliset johtajat varaavat kielilläpuhumisen vain uskovien kokouksiin. He ajattelevat, että kielillä rukoileminen säikäyttää uskomattomat.

Heidän mielestään kohdassa 1. Kor. 14:21 oleva viittaus Jesajan kirjan jakeisiin 28:11-12 osoittaa, että kielet ovat merkki uskomattomia "vastaan".

Mutta se, että samarialaiset eivät halunneet kuunnella Jumalaa, ei tarkoita, että Jumala ei haluaisi puhua heille. Kaikki Markuksen evankeliumin 16. luvussa mainitut merkit voivat herättää – ja usein herättävätkin – vastustusta silminnäkijöiden keskuudessa, mutta se ei ole syy olla käyttämättä niitä evankelioinnissa.

Ne kristityt, jotka ovat saaneet väärää opetusta armolahjoista, kertovat usein kiusaantuvansa kielilläpuhumisesta – vaikka se olisi hiljaista, kaunista ja asiallista Jumalan palvontaa! Mutta oikein käytettynä kielet ja niiden selitys usein askarruttavat ja hämmästyttävät uskomattomia.

Kielten tehtävä evankelioinnissa on ensisijaisesti toimia merkkinä. Se osoittaa, että Jumalan yliluonnollinen voima on murtautunut läpi. Se karkottaa paholaisen ja helpottaa

Kielet

tärkeän opetuksen vastaanottamista. Maailman takia kielten käyttö pitää löytää uudestaan.

Kielilläpuhumisen käyttötavat
Kielilläpuhumisen armolahjaa voidaan käyttää kaikentyyppisessä rukouksessa – kuten kiitosrukouksessa, synnintunnustuksessa, pyytämisessä, palvomisessa, anomisessa, esirukouksessa, ylistyksessä. Hengellä täyttyneille uskoville näyttää kuitenkin olevan kuusi aluetta, jossa kielten käyttö on erityisen luontevaa – joko henkilökohtaisesti, kun rukoilemme yksin, tai yhteisöllisesti kokoontuessamme yhteen.

Palvonta
Palvonnassa kielilläpuhumisen armolahja auttaa meitä ilmaisemaan rakkautemme Jeesukseen paremmin kuin vain ihmisten kielellä. Ihmissuhteissakin meillä on usein vaikeaa löytää luovempia ja merkityksellisempiä tapoja sanoa "minä rakastan sinua". Suhteessamme Jumalaan kielilläpuhumisen armolahja auttaa meitä ilmaisemaan sen kauniimmin ja osuvammin kuin mihin ihmisen kaunopuheisuus voi koskaan yltää.

Esirukous
Kielilläpuhumisen armolahja on erityisen arvokas esirukouksessa silloin, kun emme tiedä mitä rukoilla. Roomalaiskirjeen jakeessa 8:26 luvataan, että Henki auttaa meitä heikkoudessamme. Meitä pyydetään usein rukoilemaan jonkin henkilön puolesta, vaikka meillä ei ole mitään käsitystä hänen tarpeistaan. Tällöin rukoileminen kielillä on erityisen hyödyllistä. Henki esirukoilee kauttamme Jumalan mielen mukaisesti.

Läpimurto
Kielilläpuhumisen armolahja auttaa meitä saavuttamaan hengellisiä läpimurtoja. Tätä tutkittiin jo rukoustaistelun yhteydessä osassa seitsemän, ja kielilläpuhumista voidaan

Toimiva rukous

myös käyttää osana tätä taistelua. Usein rukousvastaukset viipyvät joko pahojen henkien vastustuksen takia tai koska Jumala haluaa opettaa meille kärsivällisyyttä ja kestävyyttä. Kun uskomme on heikko tämän viiveen takia, meidän tulisi rukoilla kielillä. Jumalan usko ei ole koskaan heikkoa, ja nimenomaan meidän henkemme on virittynyt tällaiseen uskoon.

Mahdottomissa tilanteissa, kun vastustus on kovaa ja olosuhteet ankeat, rukouksistamme tulee helposti epäilyksen ilmauksia. Juuri tällaisina hetkinä kielilläpuhumisen armolahja on erityisen hyödyllinen. Kielillä rukoileminen on täynnä Jumalan uskoa ja hänen itseluottamustaan.

Valitus
Tätä armolahjaa voidaan käyttää myös ilmaisemaan surua. Monille meistä on vaikeaa valittaa Jumalalle. Miten me voisimme ilmaista ahdistuksemme sellaisista tapahtumista kuin Dunblanen kouluampuminen, Ruandan kansanmurha, tsunami, maanjäristys, lento-onnettomuus tai terroriteko, kuten hyökkäys WTC-torneihin New Yorkissa 11.9.2001 tai Lontoon metroiskut 7.7.2005? Miten me osallistumme Jumalan tuntemaan tuskaan? Rukoileminen kielillä voi olla mielekäs tapa valittaa tämän maailman sanomattomia kauheuksia, kun se niittää ihmisten syntien satoa ja kärsii Jumalan tuomioista.

Kiitosrukous
Miten voisimme omalla kielellä ilmaista riittävästi kiitollisuutta esimerkiksi huonoille teille joutuneen lapsen uskoontulosta tai läheisen ystävän parantumisesta? Pelkkä "kiitos" kuulostaa kovin köyhältä. Kielillä rukoileminen sopii tähän paljon paremmin. Silloin me tiedämme, että olemme sanoneet kunnolla kiitos. Kielilläpuhumisen armolahjalla on erityinen tehtävä kiitosrukouksessa.

Kielet

Valmistautuminen
Kielilläpuhumisen armolahja rakentaa meitä. Monet ovat kokeneet, että säännöllinen ja määrätietoinen rukous kielillä on vaikuttanut ratkaisevasti siihen, että he ovat muuttuneet heikoista todistajista ihmisiksi, joiden todistuksella on pysyviä tuloksia.

Kielillä rukoileminen on suositeltavaa myös silloin, kun meillä on sovittu keskustelu tai tapaaminen, emmekä ole oikein varmoja, miten edetä. Tästä lahjasta on hyötyä, kun emme ole varmoja siitä, mikä on Jumalan tahto. Silloin meidän tulee rukoilla kielillä keskittyen henkilöön, joka meidän pitää tavata.

Näyttää siltä, että me voimme keskittää tai ohjata rukoustamme kielillä. Rukous tapahtuu hengessämme, mutta ohjaamme sitä mielemme kautta. Voimme katsella henkilöä "sielun silmin" rukoillessamme hänen puolestaan. Monet ovat kokeneet, että tällainen harjoitus yhdistettynä paastoon ja rukoiluun omalla kielellä tuottaa tuloksia, joita ei muuten saavutettaisi.

Kielilläpuhuminen yhdessä
Jotkut kielilläpuhumiseen kriittisesti suhtautuvat ovat sitä mieltä, että yhteinen rukous tai laulaminen kielillä on kielletty 1. Korinttilaiskirjeen jakeessa 14:23. Siinä käsitellään kuitenkin pikemminkin suurta joukkoa ihmisiä, jotka rukoilevat kielillä peräkkäin, kuin joukkoa, joka rukoilee tai laulaa samaa rukousta yhtä aikaa taivaallisilla kielillä.

1. Korinttilaiskirjeen 14. luvussa Paavali ehdottaa, että kokouksessa vain muutaman tulisi vuorollaan rukoilla kielillä ja että kieliä pitäisi tulkita tai selittää. Hän ei käsittele tässä yhteistä rukousta kielillä.

Monissa seurakunnissa siirrytään tietyn laulun laulamisesta omalla kielellä laulamiseen kielillä. Kun näin tapahtuu, seurakuntalaiset ilmaisevat laulun sanomaa taivaallisilla kielillään.

Toimiva rukous

Jotkut ajattelevat, että hepreankielen sana *selah* – joka esiintyy usein psalmeissa – osoittaa yhteislaulun taukoa, jonka aikana muusikot voivat soittaa psalmiin liittyvän "välisoiton". Ehkä kielillä laulaminen – eli hengessä laulaminen – on kokouksen *selah*.

Kun ihmiset laulavat tai rukoilevat kielillä yhdessä, rukouksessa tai ylistyksessä on mukana Jumalalta tuleva yhteishenki. Kun kaksisataa ihmistä laulaa kielillä, kyseessä ei ole kaksisataa eri laulua, joista kukin tarvitsisi oman selityksensä – se olisi silkkaa kaaosta. Sen sijaan yhtä laulua lauletaan kahdellasadalla eri tavalla – ja se on kaunista kuultavaa.

Samoin on myös silloin, kun seurakunta rukoilee yhdessä kielillä. Kyseessä on vain yksi rukous, jota rukoillaan eri tavoin ja eri kielillä.

Miten päästä alkuun kielillä rukoilemisessa?
Kielillä rukoileminen on mahdollista vain niille uskoville, jotka ovat täyttyneet Pyhällä Hengellä. Niiden, jotka haluavat saada tämän lahjan, täytyy uskoa, että on olemassa sellainen armolahja kuin kielilläpuhuminen. Voisi olla avuksi pyytää ystävää antamaan näyte kielillä rukoilemisesta – erityisesti jos olet huolissasi kontrollin menetyksestä.

Meidän pitää uskoa, että kielilläpuhuminen on meitä varten. Jotkut ajattelevat, että "jos Jumala haluaa minun rukoilevan kielillä, hän kyllä varmistaa, että niin tapahtuu". Jumala saattaa odottamatta antaa tämän lahjan jollekin, joka ei ole pyytänyt sitä, mutta yleensä sen saavat ne, jotka ovat pyytäneet sitä sinnikkäästi.

Meidän pitäisi pyytää Pyhää Henkeä antamaan meille tämän lahjan ja ottaa se uskossa vastaan. Usko ei ole sitä, että vakuuttelemme itsellemme kielilläpuhumisen olevan totta. Usko on sitä, että annamme kielilläpuhumista koskevan totuuden vakuuttaa meidät.

Aion nyt ehdottaa jotakin, joka saattaa kuulostaa hieman mekaaniselta, mutta jostain on kuitenkin aloitettava. Sekä Pyhä Henki että me itse osallistumme kielillä rukoilemiseen.

Kielet

Apt. 2:4 kertoo: "ja alkoivat puhua eri kielillä sitä mitä Henki antoi heille puhuttavaksi". Pyhän Hengen tehtävä ei ole antaa meille huulia tai hengitystä. Ne ovat meidän vastuullamme. Meidän täytyy lakata puhumasta omalla kielellämme – koska kukaan ei voi puhua kahta kieltä yhtä aikaa – vetää henkeä ja luottaa Herraan ja sitten muodostaa huulillamme sana.

Näin me lausumme tämän sanan luottaen siihen, että Henki antaa seuraavat sanat. Jotkut saavat heti kättelyssä kokonaisen kielen. Toiset pysyvät alkeissa monta viikkoa. Monet kamppailevat asian kanssa kuukausia pyytäen, etsien ja koputtaen ennen kuin alkavat puhua kielillä. Kärsivällisyys, kestävyys ja kuuliaisuus ovat kypsän uskon avaimet.

Heti saatuamme tämän lahjan myös epäilykset alkavat itää. Paholainen kylvää epäuskoa yrittäen kiihkeästi vaientaa huuliltamme kuuluvat rukoukset.

Vihollinen käyttää erityisen menestyksekkäästi kahta valhetta. Ensimmäinen on: "Sinä keksit kaiken itse". Tämä on tuttu valhe jokaiselle, joka on puhunut kielillä, mutta vain harva ihminen pystyy oikeasti luomaan uuden kielen. Kielilläpuhumisen armolahja on useimmille ensimmäinen kokemus Jumalan puheesta heidän kauttaan. Se on kuitenkin aina luonnollisempaa ja "arkipäiväisempää" kuin he odottivat.

Toinen epäilys on: "Ei se ole mitään kieltä, se on pelkkää mongerrusta". Kaikki kielilläpuhujat ovat kamppailleet tämän valheen kanssa. Totuus on, että useimmat vieraat kielet kuulostavat mongerrukselta niiden korvaan, jotka eivät osaa niitä!

Paras vastalääke on pyytää neuvoa kielilläpuhuvalta hengelliseltä johtajalta. Hänen pitäisi johdattaa sinut ensimmäisistä haparoivista äänteistä täysin kehittyneeseen Jumalan antamaan rukouskieleen.

Osa 10

Kohti toimivaa rukousta

Rukous on hengellisen tilamme mittari. Jos meillä ei ole halua tai intoa rukoilla, hengellisessä elämässämme on jotakin vialla. Jokainen uskova vastaa rukouksen täyteisestä elämästä, joka kehittää hänen suhdettaan Jumalaan.

Rukous ei ole rasittavaa, jos se perustuu henkilökohtaiseen suhteeseen Jumalaan. Halu rukoilla syntyy vain rakkaudesta Jeesukseen, jonka Pyhä Henki herättää meissä. Vain rukoilemalla Pyhän Hengen avustuksella me voimme oppia todella toimivaa rukousta – kaikilla niillä rukouksen osa-alueilla, joita olemme tutkineet tässä kirjassa.

Millaista on toimiva rukous?
Jaakobin kirjeen jakeet 5:13–18 ovat tärkeä toimivaa rukousta käsittelevä raamatunkohta. Se osoittaa meille, että meidänkin rukouksemme voivat olla yhtä tuloksellisia kuin Elian.

Meidän rukouksistamme voi tulla yhtä tehokkaita kuin Elian rukouksista, jos opimme kulkemaan Pyhän Hengen johdatuksessa. Meidän täytyy kuitenkin siirtää katseemme pois itsestämme ja muista ja katsoa pelkästään Jumalaan.

Elia oli ihan samanlainen ihminen kuin mekin. Mutta monet meistä kuvittelevat "rukoustaistelijoiden" olevan jotenkin erikoisia ihmisiä. Me varaamme rukouksen tulokset ja vaatimukset "erityiselle" kristittyjen ryhmälle – ja ohitamme sen totuuden, että toimiva rukous on kaikkia uskovia varten. On elintärkeää ymmärtää, että toimiva rukous ei riipu meidän kyvyistämme tai asiantuntemuksestamme vaan rukouksen kautta vaikuttavasta Jumalan voimasta. Älä koskaan unohda, että rukous ei itsessään saa aikaan mitään, vaan Jumala voi muuttaa kaiken rukouksen kautta.

Toimiva rukous

Jumala nostaa esiin esirukoilijoita, jotka ovat valmiita sitoutumaan rukouksen täyttämään elämäntapaan. Rukoustemme kautta Jumala voi muuttaa kansojen kohtalot ja avata tai sulkea taivaat sanansa mukaan. Hesekiel 22:30 osoittaa, että tarvitaan vain yksi rukouksen mies tai nainen, jotta Jumala kääntää tilanteen oikealle tolalleen.

Jaakob 5:16 on tärkeä rukousta käsittelevä jae – mutta melkein kaikki raamatunkäännökset kääntävät sen eri tavalla. Se sisältää neljä tärkeää kreikankielen sanaa. Niistä kolme ovat yksiselitteisiä, mutta yksi on vaikeampi kääntää.

On selvää, että:

◆ Rukoileva henkilö on *dikaios* – vanhurskas, oikeamielinen, vailla ennakkoluuloja ja puolueellisuutta

◆ Rukous on *deesis* – vetoamista, anomista, pyytämistä, joka nousee syvästi koetusta tarpeesta tai puutteesta

◆ Rukousta kuvataan sanalla *ischuo* – vahva, voimakas, voittoisa vihollisia vastaan, kykenevä tuottamaan tuloksia.

Lisäksi on vielä neljäs sana – *energeo*. Se tarkoittaa "käyttää voimaa johonkin", "toimia tehokkaasti jossakin" tai "työskennellä jossakin". Ongelmana on se, että ei ole selvää, tarkoitetaanko Jaakobin kirjeen jakeessa 5:16 yhtä, paria vai kaikkia näitä asioita:

◆ Henkilö rukoilee energisesti eli tarmokkaasti, koska Jumala toimii hänessä

◆ Henkilön rukouksen kautta Jumala toimii energisesti vastauksena rukouksen kohteena olevaan tarpeeseen

◆ Henkilön rukousten kautta Jumala toimii energisesti rukoilijassa

◆ Jumala työskentelee henkilön rukouksessa ja tekee niistä energisiä.

Kohti toimivaa rukousta

Yksinkertaisemmin jae voitaisiin kääntää sananmukaisesti: "Vanhurskaan henkilön anomuksella on voimakas sisäinen vaikutus". Käännöstä voitaisiin laajentaa näin: "Vanhurskaan henkilön esittämä vetoava rukous, joka perustuu koettuun tarpeeseen ja on Jumalan työn tulos, on voimakas keino voittaa viholliset ja tuottaa tuloksia sekä varmistaa Jumalan tahdon toteutuminen heissä".

Tästä tekee väkisinkin johtopäätöksen, että Jaakobin kirjeen jakeen 5:16 mukaan rukous saa aikaan rukoilevassa henkilössä vaikutuksen, joka saattaa hänet sopusointuun Jumalan tahdon kanssa, kuten Eliankin tapauksessa.

Tämä tärkeä jae sisältää neljä toimivan rukouksen tärkeää periaatetta:

Koettu tarve
Osassa 2 tarkasteltiin kahta kreikankielen tärkeintä rukousta kuvaavaa sanaa. *Proseuche* tarkoittaa pyytämistä riippuvaisena Jumalan huolenpidosta, ja *deesis* tarkoittaa pyytämistä syvästi koetun tarpeen takia.

Proseuche on Uudessa testamentissa yleisin rukousta kuvaava sana, joka korostaa sitä, miksi me rukoilemme – olemme riippuvaisia Jumalasta ja rukouksessa käännymme hänen puoleensa.

Jaakobin kirjeen jakeessa 5:16 käytetään kuitenkin sanaa *deesis*. Se korostaa tarvetta, joka saa meidät rukoilemaan. Tällä sanavalinnalla Pyhä Henki paljastaa sen tärkeän periaatteen, että toimiva rukous perustuu syvästi koettuun tarpeeseen.

Toimiva rukous ei ole pitkän pyyntölistan läpikäymistä, se on rukousta muutaman tarpeen takia, jotka Jumala on asettanut sisimpäämme Henkensä kautta.

Me kaikki osaamme rukoilla, kun meillä on todellinen tarve! Naista, jonka lapsi on joutunut vakavaan liikenneonnettomuuteen, ei tarvitse kehottaa tai opettaa rukoilemaan – hän rukoilee koko olemuksellaan. Hän on täysin samastunut lapsensa tarpeisiin.

Toimiva rukous

Pyhä Henki voi halutessamme auttaa meitä tuntemaan toisen ihmisen tarpeet yhtä omakohtaisesti ja voimakkaasti kuin omamme. Jumala samastuu voimakkaasti ihmisten tarpeisiin ja hän etsii uskovia, jotka ovat valmiita tuntemaan ja ajattelemaan samalla tavalla.

Vanhurskas henkilö
Sananlaskujen jakeessa 15:29 opetetaan, että vanhurskaus on elintärkeä periaate rukouksessa, koska me emme voi elää huonosti ja rukoilla tehokkaasti. Rukous kumpuaa vanhurskaiden sydämestä, mutta Psalmi 66:18 ja Jesaja 59:1–2 osoittavat, että synti on este rukouksillemme.

Meidän ei pidä kuitenkaan tuomita itseämme tai ajatella, että emme voi rukoilla tehokkaasti ennen kuin olemme saavuttaneet täydellisyyden. Jumala ei vaadi synnitöntä täydellisyyttä vaan sydämen, joka ei halua vaalia syntiä tai jatkaa synnillistä elämää.

Meidän täytyy vaientaa vihollinen, joka väittää, että me emme ole kelvollisia rukoilemaan, ja muistuttaa hänelle ja myös itsellemme, että Jeesuksen veri on puhdistanut meidät synneistämme. Jeesus on meidän vanhurskautemme, ja hänen armonsa ja anteeksiantamuksensa, ei meidän omat suorituksemme, takaavat meille pääsyn rukouksessa Jumalan luokse.

Jumalan teko
Vaikka pelastus on kokonaan Jumalan teko – me emme voi tehdä mitään pelastaaksemme itsemme – pelastuttuamme me toteutamme pelastustamme yhteistyössä Jumalan kanssa. Tämä yhteistyö ilmenee rukouksessa.

Jotkut tunnustavat Jumalan voiman, tiedon, rakkauden ja viisauden, ja ajattelevat, että meillä ei ole enää mitään tarvetta rukoilla. Toiset havaitsevat Raamatun korostavan rukousta ja ajattelevat, että meidän rukouksemme voivat muuttaa maailman. Kummatkin ovat väärässä, sillä Jumala on päättänyt toimia rukouksen kautta.

Kohti toimivaa rukousta

Rukous on tarkoitettu toiminnaksi. Ei riitä, että uskomme rukoukseen periaatteessa tai teorian tasolla. Meidän täytyy oikeasti rukoilla. Rukous on kuitenkin Jumalan itsensä tehokasta toimintaa. Rukoillessamme me olemme mukana Pyhän Hengen toiminnassa.

Kreikankielessä on kaksi tärkeää sanaa, jotka kuvaavat Jumalan toimivaa voimaa: *dunamis*, joka tarkoittaa "sisäistä valtaa" tai "mahdollista voimaa", sekä *energeia*, joka tarkoittaa "aktiivista voimaa toiminnassa".

Dunamis on voimaa, jota ei ole vielä vapautettu. Kuten dynamiitissä, sen piilevä voima vapautuu sytytyksessä ja muuttuu *energeiaksi* – toimivaksi voimaksi. Rukous on Jumalan tehokasta toimintaa. Se on hänen toimivaa *energeiaansa*. Meidän rukouksemme eivät voi koskaan olla voimakkaita, vaan kaikkivaltias Jumala toimii rukoustemme kautta. Siksi on parempi puhua toimivasta rukouksesta kuin voimakkaasta rukouksesta.

Tämä selittää myös, miksi paholainen vihaa rukousta niin kiivaasti ja tekee kaikkensa estääkseen sen. Kun me rukoilemme, me vapautamme kaikkivaltiaan Jumalan voiman toimimaan jossakin tilanteessa – ja meissä itsessämme.

Toimiva rukous on Jumalan voimaa toiminnassa. Me voimme kokea hänen voimansa rukouksessa vain silloin, kun rukoilemme. Vaikka Jumala onkin täynnä voimaa, hänen voimansa ei vapaudu, jos me emme rukoile.

Toimiva rukous onkin siksi sekä Jumalan työn tulos että sen aiheuttaja. Todellinen rukous tapahtuu aina "Hengessä" – se saa alkunsa Jumalan toiminnasta. Jumala ei vain odota passiivisesti rukouksiamme valmiina toimintaan vaan hän itse asiassa toimii jo kehottaessaan meitä rukoilemaan, hän toimii rukouksemme aikana sekä rukoustemme seurauksena meidän sisimmässämme.

Perimmältään tämä pyhä Jumalan ja ihmisen yhteistyö on arvoitus, mutta se on avain toimivaan rukoukseen.

Toimiva rukous

Tuloksia syntyy
Jaakobin kirjeen jae 5:16 osoittaa, että todellinen rukous on vaikuttavaa ja saa aikaan muutoksen. Tietoisuuden siitä, että Jumala toimii voimakkaasti kansansa rukousten kautta, pitäisi motivoida meitä rukouksessamme.

Kreikankielen sana *ischuo* kuvaa muun muassa uhkuvaa terveyttä, vihollisten voittamista ja toimivaa ja suurta voimaa, joka saa aikaan tuloksia.

Rukous ei ole vain keskustelua Jumalan kanssa, se on taistelua Jumalan kanssa vihollista vastaan. Rukouksella on seurauksensa. Jumala tuottaa tuloksia vanhurskaiden uskovien rukousten kautta. Me näemme Jumalan toimivan voimakkaasti tuoden terveyttä, voittaen vihollisetja muuttaen olosuhteet – kun me rukoilemme.

Vastaamattomat rukoukset
Jotkut ovat huolissaan niin sanotuista "vastaamattomista rukouksista". He ajattelevat, että Jumala kuulee heidän pyyntönsä mutta ei vastaa. Minusta näyttää kuitenkin siltä, että voi olla rukouksia, joita Jumala ei kuule, mutta kaikkiin rukouksiin, jotka hän kuulee, saadaan vastaus – tosin ei aina siinä muodossa kuin me haluaisimme!

Jesaja 59:1–2 osoittaa, että Jumala ei aina kuule niiden rukouksia, jotka ovat erossa hänestä synnin takia. Joskus Jumala kuulee armollisesti syntisen rukouksen – kuten Luukkaan evankeliumin jakeissa 18:9–14. Raamatussa ei kuitenkaan ole mitään lupausta siitä, että Jumala kuulisi ja vastaisi sellaisten ihmisten rukouksiin, jotka eivät ole "Kristuksessa".

1. Joh. 3:21–22 osoittaa, että uskova voi synnin takia olla kykenemätön lähestymään Jumalaa luottamuksella. Lisäksi Jaakobin kirjeen jakeet 4:2–3 osoittavat, että oikeat motiivit ovat tärkeitä rukouksessa.

Paavalin kertomus "piikistä lihassaan" (2. Kor. 12:7–10) on valaiseva. Kolme kertaa Paavali rukoili Jumalaa poistamaan piikin – mutta Jumala ei poistanut sitä. Paavalin rukous ei kuitenkaan jäänyt vaille vastausta. 2. Kor. 12:9 osoittaa selvästi,

Kohti toimivaa rukousta

että Jumala puhui Paavalille. Jumalan vastaus oli muistutus hänen armonsa riittävyydestä. Jumala rakastaa meitä ja tietää, mikä on meille parhaaksi – siksi hänen vastauksensa usein eroaa meidän pyynnöstämme. Me kuitenkin saamme vastauksen.

Jotkut ovat ymmärtäneet väärin jakeisiin 1 Joh. 5:14 ja Joh. 15:7 kirjatut valtavat lupaukset ja kuvitelleet rukouksen olevan jonkinlainen hengellinen kolikkoautomaatti. Meidän pitää muistaa, että nämä lupaukset ovat ehdollisia. Ne on tarkoitettu vain niille, jotka pysyvät Kristuksessa ja pyytävät Jumalan tahdon mukaisia asioita.

Tämä ei tietenkään tarkoita, että jokaisen rukouksen perään pitäisi lisätä "jos se on sinun tahtosi". Luukas 22:39–45 kertoo Jeesuksen elämän vaikeimmasta kiusauksesta. Siinä päätettiin, kenen tahto toteutuu, Pojan vai Isän.

Jakeen 42 alkupuoli osoittaa, että Jeesus joutuessaan ottamaan vastaan Jumalan vihan maljan ihmiskunnan puolesta (johon hän oli täysin samastunut) toivoi hartaasti pystyvänsä välttämään kärsimyksen ristillä. Sillä hetkellä Jeesus tunsi inhimillistä houkutusta saada anteeksianto ilman ristiä ja armoa ilman oikeudenmukaista tuomiota.

Jakeen 42 jälkipuoliskon rukous on varmasti koko Raamatun huippukohta ja ehkä tärkein hetki ihmiskunnan historiassa. Ihmisluonteensa takia Jeesus altistui kiusaukselle etsiä Jumalan suunnitelmista poikkeavaa vastausta. Mutta hän vastusti kiusausta ja alistui Jumalan tahtoon: "Mutta älköön toteutuko minun tahtoni, vaan sinun".

Kukaan meistä ei joudu koskaan kohtaamaan sellaista rukoustaistelua kuin Getsemanessa, mutta kaikkia meitä kutsutaan alistumaan Isän tahtoon – ja me teemme sen rukouksessa. Tämä alistuminen voi tarkoittaa, että "meidän tahtomme" ei tapahdu, mutta sitä ei pidä koskaan tulkita niin, että emme olisi saaneet vastausta rukouksiimme.

Toimiva rukous

Kuusi toimivan rukouksen piirrettä

Me tiedämme, että rukous kumpuaa suhteestamme Jumalaan. Siksi onkin mahdotonta pelkistää rukous tiettyyn kaavaan tai joukkoon sääntöjä. Voidaan toki esittää joitakin periaatteita, jotka auttavat meitä kehittämään rukoussuhdettamme Jumalaan. Ne ovat kuitenkin vain tienviittoja, eivät sääntöjä.

Jumala haluaa meidän pyytävän

Jaakob 4:2 sekä Joh. 16:24 osoittavat, kuinka tärkeää on pyytää Jumalalta. Tässä on kyse vetoomus- tai anomusrukouksesta. Meidän täytyy pyytää häneltä. Usein me yritämme keksiä ratkaisun itse ja luotamme omiin kykyihimme. Sen sijaan meidän tulee pyytää Taivaalliselta Isältämme.

Jotkut ovat vastahakoisia pyytämään, koska heillä on väärä kuva Jumalasta. Heidän mielestään hän on äkäinen ja aika etäinen hahmo. Ei sinne päinkään! Hän haluaa antaa meille hyviä asioita ja kehottaa meitä pyytämään häneltä.

Yksi surullisimmista todellista kristillisyyttä koskevista käsityksistä on ajatus, että Jumala ei olisi ystävällinen tai suosiollinen ihmisille. Totuus on, että me voimme lähestyä Jeesusta Kristusta suoraan. Hän esirukoilee meidän puolestamme ja edustaa meitä rakkaudella Taivaallisen Isän edessä.

Kuvittele, mitä kaikkea Jumala on valmis antamaan meille, ja mieti mitä tapahtuisi, jos me vain pyytäisimme. Missä me olisimme? Keitä me olisimme? Mitä me olisimme? Jos näkisimme lapsemme varastavan meiltä viisikymmentä senttiä, se loukkaisi meitä, koska hänen pitäisi vain pyytää saadakseen sen. Kuinka paljon enemmän tämä pätee suhteeseemme Taivaalliseen Isäämme?

Pyydä rohkeasti

Olemme jo nähneet, että Luukkaan evankeliumin jakeissa 11:1–13 on monta opetusta rukouksesta. Mies, joka herätti naapurinsa keskiyöllä lainatakseen hieman leipää, sai sen rohkeutensa ansiosta. Tätä korostaa myös Hepr. 4:16.

Kohti toimivaa rukousta

Kreikankielen sana *anaideia* Luukkaan evankeliumin jakeessa 11:8 käännetään sanoilla "rohkeus" tai "hellittämättömyys", mutta sananmukaisesti se tarkoittaa "häpeämättömyyttä", "röyhkeyttä" tai "julkeutta".

Tarvitsemme rohkeutta ja määrätietoisuutta, jotta voimme ajatella: "Tarvitsen näitä varusteita, enkä anna minkään lannistaa minua ennen kuin olen saanut ne".

Tarvitsemme pyhää pelottomuutta – jonka perustana on voimakas suhteemme Jumalaan, luottavainen tieto hänen tahdostaan sekä varmuus siitä, että me olemme tervetulleita hänen eteensä – pyytääksemme häneltä rohkeasti ja julkeasti.

Tarvitsemme pelottomuutta, jotta voimme pyytää Jumalalta isoja asioita – kuten Psalmissa 2:8. Emme saa antaa vihollisen vihjailujen lannistaa tai rajoittaa sitä, kuinka usein tulemme Jumalan valtaistuimen eteen tai mitä pyydämme tultuamme sinne.

Pyydä Jumalan tahdon mukaan
Meidän ei pidä rukoillessamme vaatia oikeuksiamme tai korostaa omaa näkemystämme. Meidän tulee tunnistaa Jumalan tahto ja rukoilla sen toteutumista. Jos emme rukoile jossakin tilanteessa Jumalan tahdon mukaan, me rukoilemme oman tahtomme mukaan. Jaakobin kirjeen jae 4:3 osoittaa, että siksi monet rukoukset näyttävät jäävän vaille vastausta.

Rukous Jumalan tahdon mukaan ei liity vain pyyntöihimme vaan myös motiiveihimme. Me voimme pyytää oikeita asioita vääristä motiiveista.

Rukous ei ole Jumalan taivuttelemista toteuttamaan meidän tahtoamme vaan taipumista Jumalan tahtoon. Se ei tarkoita sitä, että liittäisimme sanat "jos se on Herra sinun tahtosi" itsekkään rukouspyyntölistan perään!

Jotkut opettavat, että meidän tulisi odottaa sanoja "kyllä", "ei" tai "odota" vastauksena rukouksiimme. Tällainen opetus on ehkä syntynyt vaikeuksista tunnistaa Jumalan tahto jossakin tilanteessa. Mutta syy siihen, että emme tunne Jumalan tahtoa, on usein pelkkä laiskuutemme.

Toimiva rukous

1 Joh. 5:14-15 osoittaa, että Jumalan vastaus on aina "kyllä!" sellaisiin pyyntöihin, jotka on esitetty hänen tahtonsa mukaan – ja tämän tulisi olla rukoustemme päämäärä. Meidän pitää pyrkiä tuntemaan Jumala ja hänen tahtonsa niin hyvin, että voimme pyytää ja luottaa saavamme joka kerta myönteisen vastauksen.

Rukous Jeesuksen nimessä ei ole taikakeino vaan tietoisuutta siitä, että käytämme valtakirjaamme rukouksessa Isän tahdon mukaisesti. Ja Joh. 14:13-14 osoittaa, mitä tapahtuu, kun rukoilemme näin! Rukouksemme Jeesuksen valtuutuksella vastaa sitä, että Jeesus itse rukoilisi.

Room. 8:26-27 opettaa, että Pyhä Henki esirukoilee puolestamme Jumalan tahdon mukaan. Jos emme tiedä Jumalan tahtoa jossakin tilanteessa, me voimme rukoilla kielillä, jolloin Pyhä Henki rukoilee Jumalan tahdon mukaan meidän kauttamme.

Pyydä uskossa
Jaakobin kirjeen jae 5:15 määrittelee uskon rukouksen. Yksi uskossa esitetty rukous saa aikaan enemmän kuin monta vuotta rukousta ilman uskoa. Valitettavasti meidän uskomme on yleensä aika heikkoa.

Ilman uskoa emme voi odottaa saavamme mitään, ja Markuksen evankeliumin jakeessa 11:24 Jeesus opettaa meitä uskomaan saaneemme sen, mitä rukoilemme. Tällainen on uskon rukous. Jaakobin kirjeen jakeet 1:6-8 auttavat meitä ymmärtämään, mitä se tarkoittaa käytännössä.

Jumalaan uskomiseen liittyy kaksi keskeistä kysymystä:

◆ Kykeneekö hän?

◆ Tahtooko hän?

Markuksen evankeliumin jakeissa 9:14-29 Jeesuksen kykyjä epäiltiin, koska hänen opetuslapsensa eivät pystyneet parantamaan nuorta poikaa, jossa oli mykkä henki. Mutta Jumalan voimassa ei ole koskaan vikaa – vika on meidän epäuskossamme.

Kohti toimivaa rukousta

Markus 1:40-45 käsittelee Jumalan halua siunata. Monet tuskan ja pettymysten kanssa kamppailevat ihmiset väittävät, että Jumala ei halua vastata. He sanovat spitaalisen tavoin: "Jos vain tahdot, sinä voit auttaa minua". Mutta Jeesuksen vastaus Markuksen evankeliumin jakeessa 1:41 ratkaisee asian.

Tämä on meidän haasteemme nykyäänkin. Meidän täytyy uskoa häneen ja rukouksella osoittaa, että hän on sekä halukas että kykenevä vastaamaan tarpeisiimme.

Pyydä sinnikkäästi
Olemme edellä nähneet, että on olemassa erityyppisiä rukouksia ja kullakin niistä on omat periaatteensa. Kestävä rukous on selvä esimerkki tästä. Toisin kuin uskon rukousta, sitä jatketaan, kunnes saavutetaan läpimurto.

Kuten Luukkaan evankeliumin vertauksessa (Luuk. 18:1-8), on elintärkeää, ettemme luovuta, kun rukouksemme näyttävät jäävän vaille vastausta. Meidän täytyy jatkaa, sillä hyvä tuomari haluaa varmasti antaa vastauksen asiaamme.

Ilmestyskirjan jakeissa 5:8 ja 8:4 pyhien rukoukset nousevat suitsutuksen tavoin Jumalan luokse. Tämä rohkaisee meitä jatkamaan rukousta, sillä meidän rukouksemme voi olla viimeinen maljan täyttymiseen tarvittava rukous, jolloin Hoosean kirjan jakeessa 10:12 annettu lupaus toteutuu.

Rukoile monipuolisesti
Olemme tässä kirjassa tutkineet rukouksen erityispiirteitä ja monia eri tapoja rukoilla. Rukous ei ole tasapaksua ja yksitoikkoista toimintaa. Lukiessamme säännöllisesti Raamattua olisi hyvä hakea ne esimerkit rukouksesta, joita edellä tarkasteltiin. Meidän on syytä varmistaa, että vastaava laaja rukouksen kirjo toteutuu rukouselämässämme.

Meidän tulee varmistaa, ettemme lyö laimin rukousta ääneen tai hiljaa, esirukousta tai kiitosrukousta, rukoustaistelua tai ylistystä, synnintunnustusta tai pyytämistä, kielilläpuhumista tai anomista.

Toimiva rukous

On liian helppoa jämähtää rukouksessa tiettyyn kaavaan ja käyttää aina samoja sanoja ja tyylejä. Meidän pitäisi olla luovempia ja laajentaa rukouselämämme. Kukapa tietää, mitä Jumala vielä tekee rukoustemme kautta!

www.ingramcontent.com/pod-product-compliance
Lightning Source LLC
Chambersburg PA
CBHW031117080526
44587CB00011B/1014